重回本质

品牌的价值思考

曾莉芬◎著

RETURN TO
ESSENCE

Fresh Eyes on Brand Value

社会科学文献出版社
SOCIAL SCIENCES ACADEMIC PRESS (CHINA)

重回本质

——伟大的时代呼唤伟大的品牌

品牌是企业经营皇冠上的明珠。企业家经营企业，就不能不重视品牌经营。

品牌也是时代的产物。正如中国先秦时代、欧洲文艺复兴时代一样，伟大的时代必是群星璀璨的时代。在中国经济进入"新时代"，在中国经济总量已经在全球坐二望一之际，中国企业和中国消费者都呼唤伟大的品牌。而新时代的品牌，一定是能够回归本质、体现新的价值观和生活方式的品牌。

回想改革开放后需求大爆发的年代，很多中国企业家遵循"野蛮生长"的规律，企业快速成长，品牌似乎只是企业家多年苦心经营的一种外化成果，是自然而然成长的，不需要刻意经营。也有一些面向消费者的企业，深谙品牌对生意的关键作用，以"放手一搏"的企业家精神，通过大额广告投放这种简单有效的方式，在短时间内构筑起强大的品牌知名度和购买率。

随着移动互联时代的到来，以 BAT 为代表的赢者通吃型的品类品牌又迅速崛起。中国的品牌，随着中国制造在世界范围内的崛起，随着中国在"移动互联"领域的后发先至，似乎也在"快速崛起，非常强大"。

然而当我们去对比中国品牌和国际优秀品牌时，会有一个非常"悲哀"的发现：当中国品牌遭遇"危机事件"时，表现出来的往往是"丑陋不堪""脆弱不堪"，难以获得消费者的同情和信任。而很多国际品牌却"久经考验"而不倒，有些负面新闻甚至根本不被消费者认可，也有的品牌（如诺基亚）已经退出市场多年，还被消费者怀念。这种现象不得不使企业界和学界深思：中国企业构建品牌，是不是缺少了一点对"本质"的探寻？中国企业构建品牌，对"品牌价值"的定义是否还停留在"帮助销售、获得溢价、赢得垄断地位"这样单一的"自利"层面？

"品牌绝不仅仅是生意"，这个论断或许会让有很多自诩务实的企业家嗤之以鼻。超前的思维总是让人费解，真知灼见多是逆耳之言。本书是一本写给企业家的有关品牌创建、运营的书，书中虽然有企业如何通过做品牌来实现"爆发式增长"的精彩案例，也有企业家如何通过做品牌在短期内"赚取超额利润"的经验剖析，但本书所要倡导的，是以"价值创造"和"利他思维"为原点，建设一种多主体参与、多层次链接的品牌关系，构筑支撑企业长期可持续发展的消费者心智基石。

企业家可以不去亲自"做品牌"，但一定要"懂品牌"，特别是要懂建设品牌的"路线图"和"方法论"，这样才能在品牌工作方面既能充分掌控，又可有效授权。作为在品牌战略咨询领域拥有超过10年实战经验的"老兵"，本书作者针对不同行业特征、不同发展阶段的企业，规划了不同的品牌建设路径和关键驱动力，这是一项开创性的工作，可以让很多企业在品牌建设中把握本质、少走弯路。

针对中国品牌面向未来的发展趋势，本书作者以女性特有的敏锐洞察力，对经济、技术、文化的演进做出了大胆研判，指出品牌作为"大时代的小物种"一定是因时而动、因时而变的。作者把价值观品牌作为未来品牌发展的一个重要方向进行了深刻阐述，认为真正伟大的品牌一定建立在价值观共鸣的基础之上。这是非常值得重视和深思的。

中国企业家是一个热爱学习的群体。"实迷途其未远，觉今是而昨非"，学习与成长，真正开始于发现不足。企业家要发现不足，需要的是升高维度，改变角度。本书作者就努力为企业家提供一种超越生意的思维，帮助企业家从更高维度去思考品牌、观察品牌、经营品牌。

　　《重回本质：品牌的价值思考》这本书有一定的学理基础，也有丰富的案例，兼具研究性和可读性、分析性和可操作性，相信可以引起不少企业家的思考和共鸣。

翁向东

2017 年 11 月 27 日

目录

CONTENTS

第一章　品牌的哲学

重回本质
品牌的价值思考

第一节 品牌的三个哲学问题

一 当下的品牌理解

1950 年，大卫·奥格威第一次提出了"品牌"的概念。最早，品牌只是依附于广告学和市场营销学，随后进入了管理学、消费经济学和消费心理学的视野，到了 20 世纪 80 年代，品牌又进入了会计学的研究范畴（如品牌资产理论）。

"品牌"进入中国，最初是由奥美中国引入的。在 20 世纪 90 年代末，"品牌"成为广告圈一个很时髦的词。不少广告公司摇身一变成为品牌公司，尽管其业务范围仍是广告设计、包装设计、LOGO 设计等。也正因此，"品牌"一度在很多人眼中，成为和"广告""形象"相等的词。一说到做品牌，大部分人想到的就是做广告。有关脑白金广告的争议在某种程度上使得人们对于品牌的认识上了一个新台阶。业界开始思考，大规模投放广告是不是就等于做品牌。而随着广告效用的逐渐降低，人们对广告的认知开始提升到了更高的"营销"高度——品牌不仅和"广告"相联系，而且和产品、价格、渠道都有更深层次的联系。从此，业界开始重新挖掘一些新的理念：产品质量是品牌的基础，高价格也是品牌身份的一种象征，品牌所选择的渠道也决定了品牌的定位。此时，广告界的"整合营销传播"概念也正风靡一时，"品牌"和"整合营销传播"自然而然地走到了一起。而从 20 世纪 90 年代初开始，在全球范围内的整合营销传播研究陆续问世，从这些研究中，可以发现两个共同的结论：一是整合营销是个了不起的理念；二是，真正能实践的公司太少。而进一步的研究发现，整合营销无法普遍运用的原因，在于企业没有彻底改变它的体制和优先顺序，以致整合营销传播发挥不了作用。而事实上，品牌所面临的问题也同样如此。于是，业界将品牌的地位进一步提升到了管理和战略的高度。而在中国市场上，两个品牌——宝洁和星巴克——的出现，让大家对这一观点有了更进一步的认识。

宝洁虽然不是第一个提出"品牌"概念的公司，却是最早实践品牌的公司之一。甚至现代 LOGO 的起源也是来自宝洁的香皂。而人们对宝洁品牌的成功，最常提到的有三点：第一，宝洁对消费者的深入了解；第二，宝洁的品牌经理制；第三，宝洁的品牌量化管理。其他两点暂且不论，仅是宝洁的品牌经理制就在国内掀起了波澜。"品牌"在人力资源、组织架构方面开始引起大家的关注。而星巴克的成功让企业意识到，星巴克作为一个品牌的成功，既不是因为广告，也不是因为整合营销传播，最重要的是其准确的市场洞察、对文化趋势的把握以及将品牌建设融入企业文化当中。

进入互联网时代后，小米的成功让企业界对"品牌"有了另一层解读。人们突然发现，之前的品牌创建方法似乎不灵了，但是，政府开始越来越多地强调"品牌"对于中国经济特别是产业转型升级的重要性。

伴随品牌发展历程的，还有无数的学者、业界人士、传媒人士对于品牌的关注以及从中诞生出的无数关于品牌的概念及理论：品牌定位、品牌张力、品牌强度、品牌愿景、品牌使命、品牌文化、品牌故事、品牌驱动、品牌鸿沟理论……中国人擅长讨论概念的能力让"品牌"的意义彻底模糊。

在从事企业咨询的过程中，笔者发现，企业家对于品牌的理解和态度是阻碍品牌创建的重要因素之一。在和浙江省的一些中小企业家沟通时，他们往往谈到三个比较关注的问题：第一，我们这样的行业能做品牌吗？第二，做品牌到底要花多少钱？第三，我们这样的企业架构和能力，能做品牌吗？事实上，从这些问题的提出可以看出，企业对于什么是品牌、品牌对于企业的作用、企业为什么要做品牌、为什么说品牌是企业乃至经济转型升级的关键、如何创建品牌、创建品牌到底需要的是什么、如何进行科学高效的品牌管理等问题并没有客观而理性的认识。以致企业要么对品牌期望太高，在投入大量资源后，失望而归；要么就是完全对品牌建设望而却步；要么更认可营销、技术、运营等的力量，而对品牌的作用嗤之以鼻。

商业进入互联网和移动互联网时代，业界对"品牌"的讨论再次式微。大家更关注微商、电子商务、互联网＋，"品牌"的热度持续下降。在《绝对价值：信息时代影响消费者下单的关键因素》一书中，伊塔马尔·西蒙森等探讨了信息时代影响消费者下单的关键因素。在他们看来，品牌的力量正在减弱，而绝对价值（经用户体验的产品质量）更为重要。[①] 品牌真得不重要了吗？事实上，在该书中，作者将品牌基本等同于"品牌推广、客户忠诚度以及市场定位"。但这些只是影响消费者购买的因素，并不等同于品牌。

"品牌"在中国的"跌宕起伏"，虽有时代的背景因素，但更大的原因还在于企业对"品牌"的认识处于模糊状态，对其本质、特征并没有清晰的理解，对于不同时代品牌的变与不变也没有深入本质的理解。

二　品牌的哲学化思维

当我们看不清一个事物时，不如从哲学层面来思考一下其本质所

---

① 〔美〕伊塔马尔·西蒙森、艾曼纽·罗森：《绝对价值：信息时代影响消费者下单的关键因素》，钱峰译，中国友谊出版公司，2014。

在。在混乱的世界，哲学有利于我们透过现象去看本质。所以，我们可以借用哲学当中的三个基本问题——我是谁？我从哪里来？我要到哪里去？——来提出品牌的三个基本问题：第一，品牌是什么？第二，品牌是从哪里来的？第三，品牌要到哪里去？

1. 品牌是什么？

在"回答品牌是什么"之前，我们可以先思考一下品牌不是什么。

第一，品牌不等于标识或商标。在多年的品牌咨询过程中，笔者经常会遇见这样一种情况：和企业家探讨品牌创建，企业家会来探讨商标注册、抢注、打假等问题。商标是商业经营中不可回避的一件事，但品牌绝不等同于商标。

第二，品牌不等于产品。现代业务企划之祖史蒂芬·金已经说得很清楚：产品是工厂所生产的东西，品牌是消费者所购买的东西；产品可以被消费者模仿，但品牌则独一无二；产品容易过时落伍，但成功的品牌能持久不衰。

第三，品牌不等于知名度。很多企业把品牌创建等同于企业知名度的提高。于是，拼命打广告以提高企业知名度，或者是运用一些无底线炒作方式来吸引眼球，提升曝光率。殊不知，如果是不好的产品，知名度越高，死得越快。

那到底什么是品牌？还是先来看看其定义。定义中的关键词往往有助于我们抓住精髓。根据美国市场营销协会（AMA）的定义，品牌是一种名称、术语、标记、符号或图案，或是它们的组合，用以识别企业提供给某个或某群消费者的产品或服务，并使之与竞争对手的产品或服务相区别。奥美在360度品牌管理当中，提出品牌的定义：品牌是一种错综复杂的象征，它是品牌属性、名称、包装、价格、历史、信誉及广告方式的无形总称。品牌同时也是消费者对其使用者的印象，并以其自身的经验而有所界定。

综合以上关于品牌的定义，笔者认为可从中抽象出三个理解品牌的关键点：一是品牌是一种"名"，把外延再拓宽些说是"符号"；二是品牌是基于消费者的一种资产；三是品牌是一种差异化。为何如此？笔者将在第二节详述。

2. 品牌从哪里来？

品牌为什么会诞生？

如果我们将品牌的外延扩展到个人品牌等来看，就会发现其实品牌自古以来就存在。在漫长历史中，中国留下了太多的"品牌资产"，就像我们现在提到的很多"IP"，其实便是历史给我们留下的品牌资产。当然，当时并没有"品牌"这个概念。

从消费者角度，我们可以看到，品牌的出现是因为消费者有选择恐惧症，他们需要信任。当消费者站在完全没有标签的产品前时，他们是很难进行选择的。所以，品牌对于消费者最重要的作用就在于提升信息效率，降低采购风险。除此之外，品牌蕴含的文化、情感等，让消费者在购买到产品的实体功能之余，还能获得情感寄托。

企业为什么需要品牌？

在笔者接触的客户中，企业最初想做品牌的目的大多很简单，比如不想打价格战，或者是看中了品牌的高溢价。事实上，品牌对企业的作用有很多：品牌的高知名度可以带来一些信任感，可以降低销售阻力；同时，通过品牌，企业可以获得品牌溢价，从而获取相对较多的利润，用于企业的创新和可持续发展；而品牌忠诚度的形成，可以让企业更好地获取客户忠诚，这对于客户重复购买或者新品购买都有很大的作用；从外部来看，当企业拥有了品牌后，企业能够以更低的代价获得外界的资源。

那是不是所有的企业都一定要做品牌？这个问题真的很难回答。如果说是，你会发现另一个问题：如何判定一个产品是不是品牌？并且，在这个商业社会里，有太多我们认为不是品牌的产品，生存得还很不错。

或许，这个问题压根儿就不应该这么问。我们不能思考是不是一定要做品牌，而是应该具体到某一个产品来说，需不需要做品牌。其实这里涉及一种对"品牌"的二元思考，那就是你把品牌当成是一个过程还是结果。所谓结果，是指品牌是经营的一种结果。不管你承不承认，所有的企业经营都有一个结果，只是每一个企业面对的市场，其美誉度、忠诚度、品牌联想等各不相同而已。而当品牌是一个过程，则是把品牌当成企业经营的一种要素和手段，和企业文化、营销、组织能力等并称。

所以，我们要不要做品牌？如果把品牌当成一种结果，我们不得不承认，企业经营中所有的事情都会对品牌的形成有影响。但是，如果把品牌当成一种企业职责或使命，那并不是所有的企业都要"做"品牌。

品牌是怎么形成的？很多时候，我们不得不说，人是生而不平等的，这种不平等来自天赋的不平等、家庭背景的不平等等等。所以，我们会看到，有人含着金钥匙出生，有人是"少年英雄"，但很多人得熬过数十年才能成功。而在这数十年中，他们付出的比别人可能还要更多。

品牌也是如此。品牌从一开始就有着不同的基因和资源。这些不同的基因和资源会决定品牌目标的不同、路径的不同。比如，有些品牌可以通过高举高打的方式切入市场，直接获取高知名度；而有些品牌只能通过口碑宣传的方式，慢慢积累核心用户。有设计基因的品牌，往往会有更好的品牌形象。而有制造基因的品牌，则往往更关注产品的品质。

所以，从来没有两个一模一样的品牌形成过程，每个品牌都需要立足于自己与生俱来的基因和资源，去思考和探索未来的目标和前进的路径。

3. 品牌要到哪里去？

品牌要到哪里去？也就是说，品牌的目标是什么？对未来，有两点我们可以思考。

（1）品牌的成功是有层次感的。

苹果手机取得巨大成功之后，业界对品牌的讨论再度升温。很多企业以苹果为目标。但是，它们能成为第二个苹果吗？答案基本是否定的。

品牌是一种状态。但是品牌是什么样子的？没人说得清。成为品牌意味着成功？成功是什么？对一些品牌而言，成为国际品牌才叫成功；对一些品牌而言，只要有一部分稳定的客户就能称为成功。成功的标准是什么？在咨询过程中，客户经常要提到，我们要成为第一品牌。但什么是第一品牌？第一品牌的标准是什么？是销量第一，还是价格最高？是消费者知名度最高，还是消费者美誉度最高？品牌销量可以很大，像华为，销售额逐年上升；品牌销量也可以很小，像日本的羊羹店一样，却很精致。品牌可以有很高的知名度，像苹果近乎世人皆知；品牌知名度也可以不高，但忠诚度极高，比如一些圈内的极小众品牌。甚至很多时候，品牌知名度高了，消费者的忠诚度反而不高了。

所以，要认定品牌的方向并不是件易事。品牌的方向和企业的经营是密切相关的。品牌的目标要放到经营当中来思考。品牌规划也要做到有层次、有目标。

（2）要认识到在品牌创建过程中变化是永恒的。

古希腊哲学家赫拉克利特告诉我们，世无常态，一切都在变化之中。而中国的《易经》也是一部探讨"变化"的智慧书。品牌并不是建立在虚无之中，品牌生存的世界是真实的世界。而这个世界每天都在变化——环境在变，消费者在变，竞争对手也在变。我们需要意识到：品牌必须存在于变化的世界之中。品牌不是结果，对于品牌，我们需要的是"永远在路上"的心态。

面对这种变化，我们需要做到以下几点：

第一，保持虚怀若谷的心态，时刻都有面对变化、接纳变化的心态；

第二，意识到哪些变化对品牌是关键性的，哪些是不重要的；

第三，要有适当的监测工具，能发现变化的苗头和趋势；

第四，变化带来的是品牌实现手段的变化，要学会使用品牌建设的新工具和新方法。

第二节　品牌的三个基本属性

虽然"品牌"这个词本身经常被误解，但是，我们又不得不深入其本质，去思考品牌到底意味着什么，为什么是品牌而不是营销，品牌和企业文化的区别到底是什么，品牌到底是什么层面的事情等问题。所以，在笔者看来，对于品牌，要有一个深刻的理解，就一定要明白品牌的三层属性。

一　品牌是一种对"名"的认知

人类早已学会在自己的牲畜上打上一个烙印以作区隔，就像人一出生便有了一个名字一样。和现实世界相对应的，永远有一个"认知世界"。

产品也都有一个烙印（brand），正如人有其名。中国人常说，"名垂千古"。"名声"对于中国人而言，有时是一件比"生死"还要大的事情。任何品牌都对应着一个"名"。而这个名可以是中文名，也可以是英文名；可以是语言，也可以是图像。而品牌所有的一切，最终都落到这个"名"上。"名"不在了，品牌也就消失了。三聚氰胺事件后，作为品牌的"三鹿"已经从消费者眼中消失了，但是，"三鹿"改名后，同样的厂房、同样的产品、同样的工人、同样的渠道还在生产和销售牛奶和酸奶等产品。但对大部分人来说，"三鹿"作为一个品牌，已经不存在了。

为了不让别人盗用我们的"名"，我们需要对名字进行保护。这就是商标注册。商标注册就像是人一生下来就要去上户口一样。它并不是品牌，它是一种基于法律层面对品牌的自然保护，能让消费者更好地进行认知，而且在未来涉及品牌的并购、转让及估值中，商标是极其重要的。但商标并不是品牌。

当然，在名字之上，往往还叠加着图形、色彩等，所以我们可以更准确地统一用"符号"来指代。什么是符号？符号是指具有某种意义或性质的标识。符号有三大功能。一是指称识别功能。不同的事物，我们用不同的"名称"来进行区隔。二是信息压缩功能。一个简单的符号往往能承载很多的信息。简单的如"红绿灯"，复杂的如"八卦"等。三是行动指令功能。比如在战场上，一听到"冲锋号"就知道要向前冲了。

符号一是来源于规定或约定俗成，形式简单，用途广泛。比如，数学中用"＝"来表示等价符号；在十字路口，我们用"绿灯"来表示通行；"紫禁城"是中国古代皇权的象征；我们用"公鸡"而不是"公鸭"来称呼这种头上有红冠、有两只脚、每天早上打鸣的动物。另一类符号则来源于人类历史文化中的一些创造和认知。比如，"许仙"已经不仅仅是白娘子的相公，在易中天的《中国的男人和女人》中，"许仙"已经成为一种男性的代表。一说到"许仙"，我们能联想到很多，这样"许仙"也就成了一种符号。在漫长的历史中，人们创造了太多的"符号"。这些"符号"的源头有人，比如忠义关公、白脸曹操、铁娘子撒切尔；有"物"，如"天秤"象征"公平"；有"事件"，比如，"围魏救赵"。事实上，不同人所拥有的"符号"系统并不相同。同样的符号，对不同的人也有不同的意义和价值。在传播中，人们都会自觉不自觉地运用一些符号，但只有传者与受者使用共同的或相近的符号体系，才能进行方向明确的、目的清楚的沟通。在某种意义上，符号就是一个人的认知系统，也是一个社会的文化系统。

做品牌，一定要深刻理解符号。原因是做品牌就是要把自己的

"品牌名称"做成一个"符号"，而且是一个"强大的"符号。这样才能特征明显，并且影响广泛。比如，"耐克"最初只有一个名字，这个"名"上并没有附带更多的认知和意义。但随着"just do it"以及耐克多年的广告推广，人们开始渐渐将"英雄情""勇往直前""勇敢挑战自我"等认知和"耐克"关联，"耐克"开始变成一个强大的符号。事实上，以前一直有人很喜欢说，"我们要建成中国的哈佛"，"我们要建成中国的爱马仕"。在这里，"哈佛""爱马仕"都已经成为强大的符号。而一旦这个符号建立起来，便会成为强大的品牌资产，这些认知、情感、喜好最终会在企业的经济利益中体现出来。

做品牌和做产品的区别在于，做产品，是基于对物质资料的整合、重整，创造出新的有价值的产品；而做品牌，是基于对"符号"和"认知"系统的重组，创造出新的有价值的认知。所以，在品牌创建过程中，我们会用到很多原本就在消费者脑海中的"认知"和"符号"。在移动互联网时代，人们在给品牌起名字时，往往喜欢"小米""橙子"等这类平时生活中就接触到的"通俗用词"，就是因为这些词身上有着认知和含义，可以直接迁延到品牌身上，并且容易记忆。在广告语中，我们更是要利用人们脑海中原有的认知符号来创建品牌新的认知价值和意义。在蒙牛的发展过程中，"蒙牛乳业创内蒙古乳业第二品牌"的灯箱广告牌也是利用了人们对"第一"和"第二"的认知。在今天互联网时代，品牌宣传喜欢追逐社会热点。这些社会热点本质上也是一个个的"符号"。

所以，品牌是商业和文化的结合。既要遵循商业的发展规律，同时又要有文化的思考和认知。在某种意义上，品牌根本就不是实际存在的，人们不可能单独地将其从环境中提取出来，因为品牌只是一种观念。品牌化就是将一种观念（符号、认知、意义）依附到某个物体、某种服务或组织上，这种观念既可以非常简单直接，比如，这台空调质量非常可靠；也可以极有抱负并且富有内涵，比如，苹果手机的极简主义。而在事物和观念之间建立联系则是一个非常复杂的过程，包括企业产品或服务的实质体验以及设计学、人类学、公共关系学、符号学等。电影《盗梦空间》中，道姆·柯布（莱奥纳多饰演）等一干人将一个想法（观念）植入了罗伯特·费希尔（希里安·墨菲饰演）的深层潜意识中，让他产生放弃家族公司、自立门户的念头。创造品牌就是如此：企业将一个"想法"植入消费者的脑海中，使消费者拥有对品牌"名"的一些认知。所以，从这个意义上来说，我们也可以看出品牌的第二层属性：品牌是属于消费者的，品牌是基于消费者的一种资产。

二 品牌是基于消费者的一种资产

所有的商业模式、战略、品牌都有一个最核心的问题：你的客户（目标消费者）是谁。改革开放之初，有一句非常有名的话："中国有13亿人口，每个人给我一块钱的话，我就有13亿。"这句话有错吗？其实也没错。当时整个社会处于物资匮乏的时代，只要能做出好的产品，还真有可能13亿人民都会购买。但是社会发展到今天，商业环境已经发生了翻天覆地的变化：物质不再匮乏，需求越来越多样化，人们的精神生活也就是认知系统也开始发生异化，观念多样化，消费者的生存状态和个性都开始多元化。一个人不可能让所有人喜欢和满意，同样，一个品牌也不可能满足所有人的需求。所以，第一个元问题一定是：你的目标消费群体是谁。确定下目标消费群体才能系统化地构建满足目标消费群体的产品、服务、价格、渠道及沟通方式。

做品牌需要的是我们通常所说的一种"由外而内"的思维方式，即从消费者出发来考虑自己的产品和服务。而事实上，大部分管理学和MBA强调的更多是一种"由内而外"的思维方式，即从企业内部出发对企业、领导人、公司的文化和组织架构考虑得更多。从心理学上来讲，人要做到"忘我"是最难的。很多心理学上的痛苦往往在于一个人总是从"自我"出发，当发现这个世界不能回报自己时，便产生了很多的痛苦。所以，看似简单的道理，却往往是最难做到的。

品牌要将一个观念植入消费者脑海中，最终的目标是引发消费者购买。但是，在让消费者购买之前，还有很多的阶段和步骤。首先，你要让消费者知道你的品牌（听过）；接着，消费者要知道你所植入的观念并且认可；再进一步是消费者非常喜欢你的品牌，甚至崇拜；如果能再进一步，你和消费者之间可以不再是简单的生产商和消费者的关系，而是让消费者加入产品的开发和销售当中，比如，小米的粉丝营销，还有现在比较流行的企业与消费者共建品牌等。我们可以按步骤将品牌和消费者之间的"关系"定义为：品牌认知和联想、品牌喜好、品牌购买、品牌忠诚、品牌参与。然后，我们可以发现，品牌处于各种不同的现状。

第一类：大众品牌。也就是说在品牌认知、品牌联想、品牌喜好、品牌购买、品牌忠诚等方面，都表现得很好。

第二类：迷失品牌。这类品牌多半是有一定知名度的，但是在品牌喜好、品牌购买、品牌忠诚等方面表现得很糟糕。这样的品牌，往往是在商业模式和价值上并没有思考清楚，如并不知道自己的目标消费者是谁，企业可为他们提供什么价值等。这样的品牌往往已经迷失了自我。

第三类：小而美品牌。这样的品牌往往并没有太大的知名度，但它们在品牌忠诚度上表现抢眼。

第四类：粉丝品牌。到了互联网时代，很多品牌倾向于将消费者变成企业经营的一部分，即打造粉丝品牌。

世界著名品牌咨询公司 Interbrand 认为品牌创建分为四个阶段：标识的时代、价值的时代、体验的时代和你的时代。在标识的时代，品牌最初是所有权、信任和品质的象征，它渐渐在二战后时代发展成一种更为丰富的象征，可以代表不同和独特的身份。随着商业全球化和市场上产品和服务的丰富，这种对自身和别的产品区分开来的需求增加了。企业开始采用标语和吉祥物通过广播和电视等媒体进行传播。在 20 世七八十年代，制造商已经完全意识到消费者和它们的品牌是如何建立关系的，以及它们如何为自己注入清晰的定位、价值观和特殊品质来放大它们的吸引力。在身份认同的时代（标识的时代），品牌的目的是成为市场定位的辨识物，让自己的生意和产品通过视觉等形式脱颖而出。一个伟大的品牌的基本属性已经显露并仍十分有效，但已经不足够。

而进入价值时代，品牌还包括了一系列包括产品、服务、环境、文化、沟通手段在内的商业策划组合以及塑造消费者所认知的品牌内涵。不断增质增量的数据使品牌管理更为复杂。它与经济价值密切相关，并且最终创造出基于强有力的策略的品牌成长议程。品牌策略也不再只是一项事后辅助或只是市场部的责任，它和企业的发展战略交织在一起，并为整个商业战略带来活力。

意识到了品牌是有价值的战略性资产后，企业对品牌所扮演的角色有了一种更深入的理解：品牌能向消费者传达满意的和与众不同的体验。受惠于数码移动科技力量的崛起，顾客驱动的社交媒体在这个体验时代里比以往有了更多的话语权。在这个双向沟通的世界里，宣传度、影响力和参与度成为品牌构建的全新法则。

而到了"你的时代"，品牌试图去做的是去辨识数据里隐藏的人性，去揭示那些原创本真的观点，以及创造真正个性化的生态系统来满足"自态系统"。

从品牌发展的四个阶段来看，"消费者"慢慢成为唯一的核心，从标识到价值，到体验，再到"自我"，品牌在生产者和消费者的关系中一步步拓展深化。

在传统营销时代，企业创建品牌，往往是从品牌认知开始，遵循认知度—喜好度—忠诚度这样的顺序。但是，在互联网时代，品牌往往可以从忠诚度开始，从一个小的细分群体（场景）开始，然后再在不同群体当中慢慢扩展自己的知名度和认知度。

三　品牌是一种差异性

差异为什么重要？试想当你站在货架前，面对十几种洗发水，而这些洗发水表面上几乎看不出任何差异，你该如何选择？你可能没法选择。人和人之间都是差异性与共性共存的。但是能成为个人品牌的、能让人记住的，都是个体的差异性。品牌是一种独特性和差异化。这个世界上没有两片完全相同的树叶，没有两个完全相同的人，也没有两个完全相同的品牌。品牌之所以成为品牌，正是因为其与众不同的差异性。每个人都需要找到自己的天命和自我。品牌亦如此。所以，模仿和抄袭成就不了品牌，照搬案例也成就不了品牌。品牌来自对企业、对消费者、对竞争对手和对环境的深刻洞察，品牌创建是一条属于企业自身的独一无二的路线。

正如艾伦·亚当森在《品牌简单之道》中所说的："一个品牌的成功很大程度上取决于与特定群体的相关性及其竞争者的差异性。"① 品牌创建的过程就是一个寻找品牌的差异性该建立在何处的过程。最有价值的当然是你的产品的差异性。品牌 USP 理论就是建立在产品差异的基础上，即产品能有独特的卖点。但随之，人们发现，产品的同质化倾向越来越严重，这时候，人们开始思考形象的差异化。于是，便有了奥格威经典的"戴眼罩的男人"的形象。再往后，人们找到了基于认知而不是基于现实的一种差异化，这便是"定位"理论，也就是说，定位理论并不在乎真实的物质世界的差异，而是认为最有价值的差异在于人们脑海中的不同认知。然而，随着信息的公开化和透明化，人们开始意识到只有脑海中的认知差异而没有现实差异是有问题的，必须有一整套的运作系统去保证品牌真正的价值差异，于是开始寻找商业模式的差异化。发展到大数据时代，类似阿里巴巴的公司都已构建自己的商业生

① 〔美〕艾伦·亚当森：《品牌简单之道：最佳品牌如何保持其简单与成功》，姜德义译，中国人民大学出版社，2007，第138页。

态系统。如果说有最大的差异，那一定是基于生态系统的差异化，就像东西方文化便是基于不同生态系统的差异化，不同的宗教体系也是如此。

　　具体到单个品牌，如何去寻找差异化？这要根据自身行业的发展状况来定。因为越靠近生态系统的差异化，构建则越难。当然，这些差异化的构建并不完全是单向的。当企业走向价值生态差异化时，必然会重新去思考产品的差异化和形象的差异化。

第三节　看待品牌的不同视角

　　大卫·奥格威曾经说过，"广告的目的是为了销售，否则便不是做广告"①。奥格威的这句话虽然说的是广告，但对品牌同样有用。品牌创建的目标最终也是为了销售。品牌会涉及社会学、心理学、传播学等相关的社会学科，但毋庸置疑，当品牌创建的主体是企业的时候，品牌的最终目的一定是销售。所以，基于品牌的跨学科特性，我们看待品牌也有不同的视角。

　　日本战略领军人物大前研一在研究企业战略时提出过 3C 战略理论，即成功的战略有三个关键因素，在制定任何经营战略时，都必须考虑这三个因素：公司自身（Corporation）、公司顾客（Customer）、竞争对手（Competition）。品牌建设和企业经营相辅相成，不可分割。所以，品牌审视也可从这三方面入手。同时，因为文化和环境对消费者的认知影响极大，所以环境也是我们在考察品牌时必不可少的一个视角。

　　从公司、消费者、竞争对手及环境四方面入手，我们才能对品牌进

---

　　① 〔美〕大卫·奥格威：《一个广告人的自白》，林桦译，中国物价出版社，2010，第 2 页。

行准确的把脉，从而思考品牌战略如何确定。目前，对品牌的研究也多是从这四方面出发。

一　从企业自身来看

品牌是消费者的，但"品牌"的所有者是企业。如果没有企业的相关经营及行为，就不会有品牌的存在。企业是品牌之母，同时也决定了品牌的基因、战略、成长路线以及是否有相应的保障体系。

在品牌咨询过程中，笔者很喜欢倾听，倾听企业领导人的人生经历、他的生活和工作感悟，了解他的价值观，因为这些基本上可以决定品牌的未来。好的客户是挑出来的。而这种挑选的标准除了产品自身的市场前景外，还有很大一部分属于企业领导人的价值观及其建立起来的企业文化，或者说每个品牌在诞生之初就有不同的天赋或能力。笔者将之称为"品牌能力"。

只有在明晰企业领导人的价值观及其企业文化的基础上，我们才可以真正地对品牌战略进行相应规划和制定，并且在品牌战略的基础上，进一步细化品牌的战略实施路径。

当企业打算建设品牌的时候，也就意味着企业走上了一条和以往不同的经营道路。品牌资产将成为企业经营的核心。但是，品牌不仅仅是沟通，不仅仅是广告，品牌还是一种投射，是企业在消费者心中的投射，是从实到虚的投射。所以，要虚的好看，还必须实的到位。品牌需要庞大的企业支持体系。这种支持体系既包括和品牌有着较密切关系的，如我们通常研究得较多的产品、营销，也包括企业文化、组织架构、人力资源等。

以上所述基本构成了我们从企业出发看待品牌的三个视角。

视角一：品牌能力

创建品牌不能只凭梦想和情怀，还需要能力和资源。企业在决定创建品牌之前，一定要很好地称量下自身具有哪些资源和能力，搞清哪些资源和能力不具备但可以整合，哪些能力是自己不具备但必须努力去构建的。

视角二：品牌战略视角

战略讨论的是做什么、怎么做、谁来做的问题。所以，品牌战略自然是关于品牌要做什么样（品牌愿景和定位）、怎么做（品牌路径）和谁来做（内部团队和外部团队）的问题。

特别是品牌战略路径，往往是大多数企业在品牌建设中易忽略的，企业更多地将品牌建设理解为品牌愿景和定位的确定，但品牌不是一日建成的，在品牌建设的过程中，企业需要更好地思考如何一步一步地达成品牌目标。

视角三：品牌支持体系视角

建设品牌是一个系统过程，今天我们已经认同"产品及其品质是品牌的基础"这样的观点，做什么样的产品，赋予产品什么样的概念，产品品质需做到什么程度等，这些问题和品牌创建密切相关。并且，在品牌的建设和维护过程中，不仅仅是产品构成了品牌的支撑；品牌需要一个企业的营销、生产、研发、财务、组织架构、人力资源等多方面的资源匹配。这些共同构成了品牌的支持体系。一方面，我们可以试着去探讨这些支持体系和品牌的关系；另一方面，我们也会发现，对不同的品牌而言，不同支持体系的重要性也不相同。这些也正构成了我们现在品牌研究过程中的另一个大视角。

二 从消费者来看

品牌是消费者的品牌，品牌建设也是企业和消费者之间的互动。从此角度进行的研究应该说是目前品牌研究中最大的一块。由于关注的角度不一样，形成了不同的品牌消费者研究视角。

视角一：消费者的细分视角

不要试图让所有的人对你满意，也不要试图让所有的消费者都对你的品牌满意。即便是可口可乐、中国移动这样的"大"品牌，也总会有人嗤之以鼻。你的消费者在哪里？这是做品牌要回答的第一个问题。如何进行消费者细分，这本身就是一门学问。

视角二：品牌关系视角

品牌属于消费者，消费者对品牌的认知决定了他们和品牌的关系。正面而强烈的关系，是品牌产生市场价值的关键。捕捉消费者的思维非常困难，但又并非无迹可寻，专家们已经发展出一系列的方法来理解消费者和品牌的关系。

视角三：品牌沟通视角

从沟通的角度来看，品牌所做的事情都属于企业和消费者之间的沟通。任何沟通行为本质上都要思考沟通的五要素：传播者、受众、讯息、媒介、反馈。而在品牌建设过程中，企业追求的便是如何高效地沟通。要做到高效地沟通，就必须对传播过程的这五个环节进行逐一思考，并尽可能做到高效而精准。

三　从竞争角度来看

知己知彼，百战不殆。品牌首先要追求的便是差异化，只有了解竞争对手，才能明了自己的品牌是否具备了差异化以及如何才能建立起差异化。所以，在品牌创建过程中，多层次地分析竞争对手的战略、商业模式、品牌理念、品牌战略路径、视觉形象、广告诉求、代言人、包装等竞争要素，便成为企业建设品牌过程中一个不可逾越的阶段。

从竞争对手的角度来思考品牌，一方面我们需要对所处的行业以及竞争对手之间的竞争关键点、未来的发展和演变有一个相对宏观的清晰认知；另一方面，必须更加微观地选择直接或间接的竞争对手，并对每一个竞争对手的各个竞争要素进行细致而深入的分析。

四　从环境和文化的角度来看

在商业变迁中，有一条主线贯穿其中，那就是人的生活状态及需求、欲望的变化。而一些创新品牌总是能率先感受到时代气息的变化，它们总能抓住社会文化中的潮流和趋势，快速地适应变化，抢占先机。

中国企业在改革开放前三十年的发展中，更多地依托于资源、机会和关系。但在环境充满着不确定性的时代，对未来的趋势预测就显得十分重要。在《趋势管理：洞察未来机遇，发现下一个风口》一书中，安妮·利兹·克亚尔提出了趋势预测的四种方法：科学预测、社会预测、情感预测以及未知预测。所谓科学预测，是在统计模型与数学模型的基础上进行预测（通常使用回归及时间序列的算法）；社会预测是预测生活方式和消费行为的系统，这一系统的基础是关于社会人群发展及他们的反动力的研究；情感预测来源于设计和创新型行业，并在这些行业中得到了发展，情感预测背后的驱动力是预测消费者怎样才会需要某种产品；而未知预测虽说从本质上来说是猜测性的，但仍然具有很重要的价值，作者认为，尽管有许多事情超出我们的掌控，但我们还是拥有强大影响力的。[①]

但无论何种预测，企业都需要将人重新放回商业的中心，正如设计思维的定义："设计思维本质上是以人为中心的创新过程，它强调观察、协作、快速学习、想法视觉化、快速概念原型化以及并行的商业分析。这最终会影响创新和商业战略。"[②] 在设计思维中，第一步便是深层的用户理解。

正是品牌内涵的丰富性及视角的多样化，造成了人们对品牌理解的多样化。笔者在多年从事品牌咨询的过程中，也深刻地体会到不同的群体，如企业家、品牌总监、市场销售人员以及品牌服务公司人员之间相互沟通的困难性。

---

① 〔丹〕安妮·利兹·克亚尔：《趋势管理：洞察未来机遇，发现下一个风口》，王若琼译，人民邮电出版社，2016，第21页。

② 〔美〕托马斯·洛克伍德编《设计思维：整合创新、用户体验与品牌价值》，李翠荣、李永春等译，电子工业出版社，2012，第9页。

　　所以，对品牌的认知必须有一个思考的原点，这个思考的原点也是商业的常识，那就是价值。从价值的角度我们才能更加清晰地理解品牌以及品牌的创建之路。

　　同时，在这里笔者将更多地站在企业家的角度，让企业家理解品牌价值的重要性，并且沿着企业价值的发现、创新、定位、传递以及品牌价值的实现这一脉络来思考品牌的创建之道。

第二章　发现品牌理论中的价值本质

重回本质
品牌的价值思考

　　在咨询过程中，很多企业家表示被各种品牌塑造的理论和方法给弄糊涂了。殊不知，这些理论和方法都有其适用的边界和范畴。企业所处行业不同，行业所处发展阶段不同，商业环境的文化差异甚至企业家个人的追求不同，都会导致品牌创建的理论和方法不同。企业家需要知其然，更需要知其所以然，这样才能找到企业专属品牌的创建方法和路径。

　　了解历史才能看清未来。当我们回头去重新思考品牌的理论以及理论提出的背景时，我们便会意识到，品牌从未脱离价值的本质。相反，每一种新理论的提出都是对"价值"及价值升级更进一步的明晰和思考。

第一节　从 USP 到价值思考

一　以产品价值为导向的 USP 理论

　　USP（Unique Selling Proposition，独特的销售主张）理论无疑是早期最有影响力的广告理论之一。USP 理论的提出者罗瑟·瑞夫斯曾经是弗吉尼亚银行的一个文员，移居纽约后，他开始在广告公司工作。1940年，他加入达彼思公司，在长期的实践中，他不断发展自己的创意哲学。他强调研究产品的卖点，对家庭消费非常看重。他帮助总督牌香烟和高露洁牙膏重塑了形象。1961 年，罗瑟·瑞夫斯写了一本名为《实效的广告》（*Reality in Advertising*）的书，此书极为畅销，对广告界影响巨大。对于国内很多广告人来说，此书也是必读书目之一。

罗瑟·瑞夫斯提出的 USP 理论认为一个广告中必须包含一个向消费者提出的销售主张，这个主张需要具备三个要点。

一是利益承诺。承诺不只是对产品的吹嘘或巨幅的画面。每则广告一定要对一个广告信息接受者说："买这个产品，你将从中获得这种明确的利益……"

二是独特。广告提出的这个销售主张必须是竞争对手无法提出或没有提出的，并且无论在品牌方面还是承诺方面都要独具特色。

三是强有力。广告提出的销售主张必须要有足够的力量吸引众多的消费者。

罗瑟·瑞夫斯利用 USP 理论创造了众多的经典案例。比如，M&Ms 巧克力是美国当时唯一一种用糖衣包裹的巧克力，可是巧克力的生产商在以前的广告中并没有着力突出这一点，罗瑟·瑞夫斯认为其中蕴含着巨大的广告价值，独特的销售主张即在于此。于是，"只溶在口，不溶在手"这一非常有创意力和表现力的广告语就水到渠成了。

在中国市场，同样有很多 USP 理论的成功典范：早期的乐百氏"二十七层净化"，简单直接有效地提出了"二十七层净化"这一独特的产品概念和卖点。厨邦酱油的"厨邦酱油天然鲜，晒足一百八十天"，也是提出了产品独特的天然酿晒的特点。

USP 理论的启示主要有两点。第一，重复是最有效的方法之一。罗瑟·瑞夫斯认为一旦找到 USP，就必须把这个独特主张贯穿于整个广告活动当中，最基本的做法就是让人们见到它、记住它。这在广告术语中被称作"暴露"（exposure），看见的次数就是"暴露频次"（exposure frequency）。罗瑟·瑞夫斯的主要做法就是尽可能多地重复，甚至在同一则广告中都不放弃任何机会再三重复。第二，理性的强销方式永远都有市场。所谓理性的强销方式，就是告诉人们一个绝对存在的事实，然后用不断重复的方法让人们记住。有人不喜欢这种过于直接的推销方式，认为它缺乏美感和艺术性。然而无数事实证明，它似乎一直都有效。这也是罗瑟·瑞夫斯的观点持久不衰的原因之一。

在物质匮乏、产品供不应求的时代，企业只要不断完善流水线作业模式、努力降低产品成本就能提高市场占有率。到了产品过剩的时代，营销者必须努力使自己的产品和其他竞争对手区别开来。正是在这样的背景下，罗瑟·瑞夫斯提出了 USP 理论。在产品时代，USP 理论更多的是强调了企业产品对消费者的功能价值。但是，我们能看到其局限所在。第一，它要求一个"绝对存在的事实"，并且这个事实是和竞争对手有差异的、独特的，还得能打动消费者。这在产品同质化时代已经越来越难。第二，罗瑟·瑞夫斯强调"重复"的力量。这种方式之所以有效，正是因为企业广告通过不断地重复，使消费者对其有一定的熟悉感并建立起知名度。20 世纪 50 年代正是美国大众媒介电视快速发展的时代，大规模高频次的重复宣传成为大多数企业惯用的一种手法。1979年新中国第一支电视广告诞生，其后的三十年也是中国电视媒体快速发展的三十年，正是借用电视这种大众媒介的力量，"标王"不断产生，同时诞生了中国的第一代大众品牌。第三，这种理论更适用于一些以"产品"本身为绝对价值的商品和一些习惯性购买的商品，比如，医药、快消品、强调性能的电子产品等。

二 以"感性价值"为导向的品牌形象理论

随着产品同质化的不断增加，消费者在选购产品时很难再区隔出产品价值的重要作用。同时，越来越多的企业开始意识到消费者购买决策中的感性力量，或者说是情感价值。而视觉形象无疑是触发消费者情感的最有力的手段之一。大卫·奥格威就认为，形象要比强调产品的具体特性和功能重要得多。大卫·奥格威由此创建了世界上最伟大的广告公司之一——奥美广告。

　　奥格威 1911 年生于苏格兰，大学期间因成绩太差被牛津大学退学。早年做过厨师、厨具推销员、市场调查员、农夫及英国情报局职员。1947 年，奥格威在纽约以 6000 美元创办了奥美广告公司，目前其已成为全球最大的传播集团之一。奥格威本人所著的《一个广告人的自白》《奥格威谈广告》更是成了广告系学生的必读入门书目。"不做总统，就做广告人"这句话更是将无数人引入了广告行业之门。

　　品牌形象论（Brand Image）是大卫·奥格威在 20 世纪 60 年代中期提出的创意观念，是广告创意策略理论中的一个重要流派。品牌形象理论超越了传统意义上的"产品层次"，通过全方位的手段，特别是高度统一的品牌形象来打造品牌，从过去单一的功能诉求，转为从理性诉求和感性诉求两个方面与消费者建立长期的关系，更加关注消费者内心，强调消费者"洞察"，追求在心灵层面与消费者产生共鸣。品牌形象理论第一次开始将视角从"产品"转向"消费者"，这是在营销理念上的一个极大的突破。基于这一流派诞生了非常多的优秀广告和品牌形象，比如，大卫·奥格威的"穿哈撒威衬衫的男人"，以及李奥·贝纳的"万宝路"牛仔形象。

　　品牌形象论的要点有三。第一，利用人物形象赋予产品有形的形象。奥格威的贡献之一就是发现了通过特别的人物塑造品牌形象这一捷径。这在品牌形象匮乏的奥格威时代，无疑令人眼前一亮。第二，吸引眼球是第一重要的事。奥格威很懂得利用一些元素吸引人们的眼球，如果拿掉哈撒威广告里模特的那只奇怪的眼罩，其绅士形象的神秘感会大打折扣。但是，噱头只是手段，真正打动消费者的还是实质性的广告内容。要注意把两者完美结合。第三，特别强调品牌形象的"一致性"和"长期性"。在他看来，任何一个广告都是对品牌的长线投资，广告应该尽力去维护好品牌形象，为此可以牺牲追求短期效益的诉求重点。

事实上，在国内市场上，也有"品牌形象论"的经典案例。利郎商务男装的成功和陈道明息息相关。一定程度上可以说，没有陈道明这一"中国中年男人的典范"，大概也就不会有利郎这一品牌。而品牌形象代言人这一品牌创建手段在中国几乎已成为品牌建设的标配。我们通常说，传统品牌塑造的三板斧，就是将形象代言人放在了首位，然后是电视广告片，再加上大规模的电视广告投放。但中国的很多企业并没有真正理解"品牌形象论"。还以服装行业为例。当年福建的很多男装都选择了代言人，利郎选择了陈道明，斯得雅选择了周润发，而才子男装则选择了梁朝伟。但其后它们普遍面临三个问题：一是这些形象代言人很难找到形象相同的后继者，这就使得品牌形象的一致性无法得到延续；二是缺乏和消费者的内心沟通，只是以一个形象来获取眼球和关注，这就使得品牌没有得到情感价值体现和承载；三是在产品上，也缺乏对于整个行业价值的深入研究，使得产品的价值最终无法得到支撑。形象本是用来更好地表达价值的，最终却是为了形象而形象。

三 以"认知价值"为导向的定位理论

从 20 世纪 60 年代末 70 年代初开始，美国的商业竞争越来越激烈，竞争的速度、深度和广度前所未有，竞争空前惨烈，传统的注重组织内部运营效率提升的各种管理理论、管理工具已经难以帮助企业取得成功，于是，如何应对竞争成为当时商业竞争的主题。在这样的背景下，"定位"理论应运而生。但由于"定位"这个词用得太过广泛，很多人对"定位"理论的理解并不清晰。目前，至少存在三种对"定位"的理解。

一是科特勒的 STP 战略营销模式，即市场细分、目标市场选择和定位。这种定位理念是以市场细分作为基础，细分市场、选择市场，继而在市场中思考自己的定位。今天，很多人讲的目标市场定位、价格定位、产品定位等都是这样的一种战略思考。

二是迈克尔·波特提出的竞争战略理论。一般来说，战略大致可以分为以下两种：一是以哈佛商学院教授迈克尔·波特为代表的"定位论"，二是以密歇根大学商学院教授普拉哈拉德与伦敦商学院客座教授哈默尔为代表的"核心竞争力理论"。波特指出，运营效益和战略是企业想要取得卓越绩效的两个关键因素，问题在于人们未能分清两者的区别，常常以管理工具取代战略，导致竞争力和利润获取能力不强。真正的战略不是以运营效益而是以独特的定位为核心，并对运营活动进行取舍，从而建立起战略配套系统并将模仿者阻挡在外——因为竞争对手要复制一套环环相扣的系统绝非易事。

而真正对社会学科有重大贡献的"定位"理论其实是里斯和特劳特原创的"定位"——在顾客大脑里获得地位。而迈克尔·波特的定位则是指让企业在产业中确立对自己有利的竞争位置。在特劳特看来，人的大脑容量是有限的，人一般只能记住七个品牌名，企业创建品牌最重要的是要把自己的品牌名称放入消费者的选购排名中。

可见，定位理论最大的价值就在于第一次将竞争从现实的企业和产业层面搬到了消费者脑海中。企业的竞争战场是消费者的大脑。而在顾客大脑这个战场中并不存在企业，只有代表着企业产品或服务的符号（品牌）。对顾客有意义的也只是品牌。

总体来看，第一，定位的基点并不是产品，而是着重于产品与消费者心理位置的统一。第二，定位的目的是在消费者心目中确立本产品与众不同的优势。第三，定位所宣称的并非同类产品所没有的，而应该是竞争对手没有说明的，或者是尚未引起注意的，但确确实实对消费者具有吸引力的那部分特征。因此，定位是从消费者的心理需求空间出发，对产品优势的一种创造，既创造功能又创造形象。

有不少运用定位理论获得成功的品牌。比如沃尔沃定位于安全。在中国市场，步步高无绳电话率先抢占了"无绳电话"这一品类。江中草珊瑚含片进入市场时，竞争对手吗丁啉的广告语"胃动力不足，找吗丁啉帮忙"可谓家喻户晓。面对如此强劲的竞争对手,江中草珊瑚巧妙地将自己定位为"小药",并以"家中常备"来和吗丁啉做有效区分。有关"定位",在中国市场上最有影响力的案例无疑是"加多宝"(原"王老吉")。[①] 加多宝的成功也让人们开始意识到,"定位"就是要让一个品牌成为一个品类的代名词。于是,一时间,中国的企业开始了疯狂的创建新品类或者不断细分并抢占新品类的过程。比如,珀莱雅的"深深深深层补水专家"、川的"夜间护肤专家",还有各种"高端品牌典范""某某行业领导者"……似乎只要先抢占了一个位置,就是做了品牌。

正是因为加多宝的成功,定位理论在中国获得了众多的信徒。但事实上,加多宝的成功并不只是因为"怕上火喝王老吉"一句广告语。在他们自己的总结中,至少提到了以下几点。①应对被认知挑战。包括明确品类宗属,打造代表品项,获取高级信任支持。②避免风尚化发展。包括创造趋势、选择源点人群、规划市场推进、适度高价。③及时补充品牌势能。包括持续加大投入、注入热销概念、做大品类需求、保证最低成长速度。④防止品牌空心化。包括保持品项焦点、杜绝品牌延伸、约束市场。⑤维护品类。包括容纳竞争、代言品类、保持领先。⑥打造区域心智资源。在他们的总结中,公司十年的规范化运营也成为加多宝一炮走红的重要保证。

对定位的绝对信奉也开始引起不少人的批判,比如定位理论强调不能进行产品延伸。当时,华为要进入手机领域的时候,许多人反对,但今天华为已经成为小米最大的对手。还有很多人提出如何用定位理论来解释苹果手机的成功。而且,品类的不断细分也带来了无效品类问题:品类太细化,没有需求;或者消费者对各种"某某行业领导者"已经

---

① 广药集团将"王老吉"商标名租借给加多宝集团使用。加多宝集团通过广告语"怕上火喝王老吉"将"王老吉"这一品牌发扬光大。后来广药集团收回品牌使用权,加多宝集团遂将旗下凉茶改为"加多宝"凉茶。

失去了信任。再加上，定位理论所说的，"定位所宣称的并非同类所没有的，而应该是竞争对手没有说明的"，这在信息不透明的时代还是有效，但在互联网时代，信息透明并且传播更方便，人们对品牌的认知也开始趋于全面化和深刻。"认知"开始越来越需要以"事实"为支撑。尽管里斯及其女儿在定位理论上不断深化思考，比如，他们又提出了"视觉锤"的概念，但确实，盲目信奉"定位"理论在今天已开始遭到越来越多人的质疑。

四　以体验价值为导向的接触点品牌管理理论

"MOT 关键时刻"这个概念对企业管理界人士来说应该已经不陌生。这个概念最早出自北欧航空公司 CEO 卡尔森的《MOT 关键时刻》。在这本书中，他这样描述道："去年一年中，北欧航空公司总共运载1000 万名乘客，平均每人接触 5 名员工，每次 15 秒钟。也就是说，这1000 万名乘客每人每年都对北欧航空公司'产生'5 次印象，全年总计 5000 万次。这 5000 万次的'关键时刻'决定了公司未来的成败。"[①]卡尔森提出了"触点"这一关键时刻，当然，他这里的触点主要是指员工。在后来的延展思考中，人们慢慢将"触点"扩大，不再仅仅局限于员工。

奥美品牌提出"360 度品牌管理"，正是基于奥美对品牌的定义和理解。在奥美看来，品牌是消费者所经历的总和。这也意味着在品牌的360 度管理中，企业必须：第一，预见消费者与品牌的每一次（接触）机会；第二，针对每一次机会，设计需要传达的信息；第三，设计安排这样的机会，以保证可以增加消费者对品牌的经验。奥美的 360 度品牌管理已经能从管理和体验的角度来思考品牌的设计。而且，奥美为了避免在运用 360 度品牌管理时的杂乱无章，将所有触点分成了六大部分：

---

① 〔瑞典〕詹·卡尔森：《关键时刻 MOT》，韩卉译，中国人民大学出版社，2006，第 41 页。

产品、形象、消费者、商誉、渠道、视觉，并且在每一部分上进行了丰富和深化。

当品牌和产品、员工形象、渠道印象等相结合的时候，品牌就已经不再是简单的外部形象宣传，而是日益和企业经营相结合。在《品牌驱动力》一书中，斯科特·戴维斯和麦克尔·邓恩就认为品牌战略与商业经营本质上是一致的，企业需要围绕品牌来推动商业发展。在他们看来，企业能否实现对品牌的成功运作，完全取决于他们能否在五个特殊的领域里做出上佳表现：

（1）完成商业与品牌的全面结合；

（2）由最高领导在企业内部演示出清晰、统一的品牌建设义务和责任；

（3）立足于品牌宗旨，让消费者、利益相关者与品牌的关键交互过程尽在掌握之中；

（4）将企业转型为以品牌为核心的文化机构组合体，力求做到让所有员工理解品牌承诺，分清各自在品牌实用领域的使命，认识到应该依照商业和品牌战略目标时刻调整自己的行为，并将这一习惯设定为开展工作的首要条件；

（5）执行统一的测评和奖励机制，实现对品牌性能的监控、衡量和改良。①

斯科特·戴维斯和麦克尔·邓恩将这种整体品牌概念称为"运作品牌"，它意味着企业全体员工拧成一股绳，积极主动地履行品牌承诺、维护品牌形象，从而保证为消费者和其他利益相关者提供良好的品牌体验，让他们慕名而来满意而归、乘兴而来尽兴而归。

如何使企业运营和品牌战略相结合？斯科特·戴维斯和麦克尔·邓恩提出了以售前体验—售中体验—售后体验为顺序的品牌触点流程图。

---

① 〔美〕斯科特·戴维斯、麦克尔·邓恩：《品牌驱动力》，李哲、刘莹译，中国财政经济出版社，2007，第4页。

如果说之前的品牌理论只是考虑"如何说"，那么现在品牌理论开始考虑如何"说到做到"。原因其实也很简单：光是说，对消费者而言，也许能使他们迈开试购的第一步，但很难持续；只有企业能够真正实现绝对价值才能让消费者真正、持续埋单。

五 以价值观/价值为基础的品牌管理

随着品牌的重要性的不断提升，越来越多传统的管理咨询公司也开始对品牌创建进行思考。其中，又以罗兰贝格和麦肯锡为代表。有意思的是，罗兰贝格和麦肯锡都是从商业常识出发的。

罗兰贝格提出了"瞬间的真实"。在罗兰贝格看来，真正的真实瞬间就是顾客感觉到自己的价值观得到满足，并认同这一点的瞬间。[①] 品牌是由购买它的人们的价值观念所决定的。所以，罗兰贝格提出了"以价值观为基础的品牌管理"。他们认为价值观和产品属性或者说价值相比，显得更重要。价值观描述了人们认为并相信生命中哪些事情才是重要的。价值观比所谓的"需求"和"需要"都深刻，并且对人们具有真切的影响力。罗兰贝格提出了消费者的 19 种核心价值观并对其进行了研究。

无独有偶，世界营销大师菲利普·科特勒出版了《营销革命3.0：从产品到顾客，再到人文精神》。在他看来，营销经历了 1.0、2.0 和 3.0 时代。1.0 时代，即"以产品为中心"的时代，在这个时代，营销被认为纯粹是销售。2.0 时代是"以消费者为中心的时代"，企业追求与顾客建立紧密联系，不但继续提供产品使用功能，更要为消费者提供情感价值。3.0 时代，即"人文中心主义时代"，也是价值驱动营销时代的兴起。在这个新的时代，营销者不再把顾客仅仅视为消费的人，而

---

① 〔德〕安德雷斯·鲍尔、比约恩·布洛兴、凯伊·霍瓦尔特、阿兰·米歇尔：《瞬间的真实：首席执行官品牌管理规划之再定义》，王书斌译，万卷出版公司，2007，第 10 页。

是把他们看成是具有独立思想、心灵和精神的完整的人类个体。① "交换"与"交易"被提升成"互动"与"共鸣",营销的价值主张从"功能与情感的差异化"被深化至"精神与价值观的相应"。

而麦肯锡则认为品牌是一种"价值",创建品牌的过程就是"发现价值"—"实现价值"—"传递价值"的过程。

可以说,品牌开始越来越贴近商业的本质,向商业靠拢并开始更深入地思考消费者的购买决策。

有一点必须说明的是,随着品牌理论的深入发展,我们发现,后来的理论并不是对前面理论的否定,而是在此基础上对企业的品牌创建提出了更高的要求。比如,做一个 LOGO 和好的 VI,对品牌而言,是必须具备的,但要成就一个品牌,只做 LOGO 和 VI 是绝对不够的。

第二节 品牌的多元方法论来源于对创造价值不同方式的思考

除了对品牌方法论时间存在脉络的思考,还有一个维度值得我们去探讨,那就是不同行业品牌的创建方法。而不同行业的品牌创建方法之所以存在差异,最主要的原因在于消费者的购买心理行为和选择决策机制的差异——不同的触点对消费者的重要性不同。以图 2-1 为例,当消费者高度注意,经验又少的时候,往往会是一种"深入型问题解决式",比如房子的购买,此时消费者往往会做更多的研究。而当是经验少、低关注度时,会是一种"有限型问题解决式",简单寻求他们的意见往往很重要。而经验多,又高度关注时,会是"品牌忠诚式"。而对于一些

---

① 〔美〕菲利普·科特勒、〔印度尼西亚〕何麻温·卡塔加维等:《营销革命 3.0:从产品到顾客,再到人文精神》,毕崇毅译,机械工业出版社,2011,第 4 页。

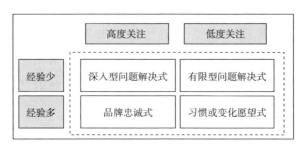

图 2 - 1　消费者的购买决策

低关注度、经验又多的产品，消费者往往是一种"习惯或变化愿望式"，这时广告以及销售终端的刺激作用就很重要。

一　快消品行业的典范：宝洁的品牌创建之道

提起品牌创建之道，不能不提宝洁公司。这家成立于 1837 年的公司，最早只是一个年轻的售货员普罗克特和他的连襟盖博（也译"甘布尔"）创办的一家制造肥皂的小公司，而名字也只是两人姓的叠加。经过 100 多年的发展，今天的宝洁被称为"日用消费品大王"，在宝洁旗下，有玉兰油、博朗、舒肤佳、吉列、潘婷、飘柔、佳洁士、护舒宝等 300 多个品牌。

宝洁的品牌创建经验可以总结为以下几点。

（1）消费者至上。无论是在企业文化中，还是在实际运营中，宝洁都强调消费者研究的重要性。通过严谨且系统化的消费行为研究来了解消费者的需求。

（2）创造"卓越产品"。基于对顾客的尊重，"宝洁"的任务是研制能够带给顾客真正价值的产品。为此，宝洁大胆创新，在试错中成长，并且认为产品实质重于包装。

（3）自己是最佳的敌人。宝洁实施多品牌战略，在它看来，与其让品牌和竞争对手竞争，不如和自己竞争。

（4）大品牌胜于小品牌。宝洁强调"量"及市场占有率，而非获利率。在宝洁看来，支配市场及量大的品牌终将成为获利最多的品牌。

（5）将品牌当成事业经营。在宝洁看来，"消费者购买品牌而不是产品"①，所以，宝洁的组织以"品牌经理人"为核心。也正是宝洁首创了"品牌经理制"这一管理模式。

（6）品牌必须具有活力。在宝洁，几乎没有产品生命周期一说，宝洁的产品总是在不断改变包装、升级品质和创新。

（7）效率化电视（平面）广告。宝洁快速成长是在电视兴起的大众传媒阶段，而宝洁的电视广告也几乎都是相似的，即强调产品的优点、强调问题的解决。可以说，在宝洁的电视广告上有着很明显的 USP 理论的痕迹。而宝洁也凭借大规模的广告投放建立起了其在广告方面的行业壁垒。

宝洁身处快消品行业，消费者的购买多是习惯性或尝新性购买，理性思考较少。宝洁的这些做法正是适应了行业特征，即通过一定的高密度沟通来驱动消费者的购买习惯并努力提升传播效率。可以说是快消品行业打造品牌的典范。

二　耐用消费品行业：渠道第一、品牌第二？

曾经有段时间，中国的商界一直在探讨一个问题："渠道重要还是品牌重要？"可以说，提出这个问题的人本身可能并不懂品牌。品牌和渠道，对企业而言，并不是一个维度的事情。品牌不是单纯的"知名度"。在笔者所在的浙江，企业很少通过传播去塑造品牌。但是，很多企业通过"渠道"至少取得了商业上一时的成功。但这并不等于品牌。即便是像娃哈哈这样的企业，很自豪于在渠道上的成功，却困惑于如何在品牌上取得成功。

对于很多耐用消费品来说，其品牌的成功的确有和快消品不一样的

---

① 〔美〕查尔斯·戴克：《宝洁的观点：品牌王国的 99 条成功准则》，李圣贤译，内蒙古人民出版社，1998，第 8 页。

路径。以建材行业为例。一方面，行业需求增长过于迅猛，新产品新材料层出不穷，消费者来不及做深入思考。另一方面，消费者在购买过程中，虽有一定的理性思考，但同时，消费者的购买又往往是一次性的。人们对购买产品的信任感，不仅来自产品本身，很多时候更来自中间的渠道商（比如，国美这样的零售商品牌、装修经理、水电工等）。一位建材行业的经销商曾对笔者说：我想要消费者买哪一个产品，我就可以说服他哪一个产品好。这话虽然说得有点绝对，但是可以看出"渠道"在消费者购买决策中的重要性，而且，消费者也会将很多地方都有销售当成"畅销"的一个标志。

所以，如何围绕渠道去打造自己的品牌，成为很多行业如家电业、建材行业的重要命题。企业需要做的便是确定自己的差异化价值，在渠道体系中对这一差异化价值达成共识，并经由渠道将价值传递给消费者。

三　星巴克：服务品牌的关键时刻

卡尔森提出了在服务品牌和零售行业中"人"的重要性，企业经营需要"以顾客为中心"，而要让员工真正做到以顾客为中心，企业则必须更好地思考如何放权给员工。在星巴克的品牌管理中，将一个门店的触点分为26个（见图2-2），并且测量在每一个触点上消费者的满意度。同时，结合这些触点对客户的重要程度和对品牌的重要程度来重新调整/修正或者增加新的触点。在当今这个体验时代，我们习惯于不断地去做好体验。其实，传统的卓越的服务品牌或者零售品牌，比如星巴克、海底捞、屈臣氏早已是做体验的高手。而体验往往是人做出来的，这也使得在服务品牌的创建过程中，对体验点/触点的梳理、管理以及对员工的培训成为成就品牌的关键。

四　IBM：工业品品牌的典范

IBM公司对品牌有一个定义：企业是一棵大树，而品牌是树的影

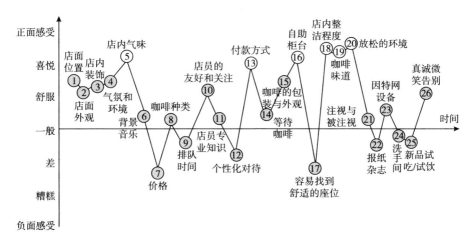

图2-2 星巴克的中国情感曲线

子。这句话比较好地诠释了工业品牌的创建。如果说，企业是实的，品牌是虚的，那么，工业品品牌应该是最实在的品牌，几乎所有的工业品品牌都是建立在其卓越的技术及不可代替的服务之上。而这和工业品的采购也有关系。工业品采购的特征在于复杂决策，更加关注风险、采购的专业性、评估和比较。这一切使得对于工业品，人们更看重的还是产品自身的品质或者专业性。

回顾IBM的百年品牌历程，我们可以发现，IBM的品牌既不是建立在广告基础上，也不是建立在渠道基础上，而是建立在IBM给客户提供的价值和服务上。IBM的发展历程并不是一帆风顺的。其"兴"多来自正确的决策、内部管理和适当的外部竞争策略。而其"衰"，则主要是因为对环境的判断失误而导致的决策失误。而IBM之所以能重新崛起，与其企业精神和价值观密不可分。其中最重要的一点是IBM始终以客户的需求为导向，不断变革创新。创新和转型的融合是IBM多年来屹立市场的法宝，也是IBM成就百年品牌最主要的原因之一。

品牌的创建之法确有差异，但有共同的思考原点，那就是基于顾客的选择来思考价值的创造及实现。而这正是未来商业思考的基本点。也许有一天，品牌这个词也会消失，因为它代表的是一种基本的商业运作方式和思维方式。

第三节　从唯一到第一：品牌的价值思考

"创造价值"本来就应该是个商业常识。但在很多的商业话语中，我们往往记住了"定位""品牌形象""品类打造"这样的专业词汇，却忘记了其背后的本质就是价值。而那些词语，可以说是我们在特定时期，面对特定的消费者而提及的对"价值"的简化。所以，要理解价值，就要明白，不同的人在不同的时间、不同的地点会有不同的价值追求。未来，任何一个品牌都必须思考，我给客户提供的独一无二的价值是什么？那么，为什么在今天，我们要开始重提"价值"？很简单，因为商业环境发生了变化，在一片混沌中，只有重回本质，我们才能真正看明白。

一　为什么重回价值时代？

一次和企业家座谈时，一位企业家提到，思维混乱是最大的问题。笔者深以为然。在给企业咨询的过程中，笔者体会最深的便是，企业家很多时候对品牌知道一些，但又了解不多，听了某位专家的课，发现广告语很重要，于是便认为做品牌便是一句好的广告语；后来发现定位很重要，于是又认为做品牌最重要的便是给企业做好一个定位。殊不知，每个理论都有其运用的边界。品牌的这些理论，都有其对应的行业、阶段以及方法，而且它们给消费者提供的价值并不相同。而企业最重要的便是思考清楚，我的品牌该怎么来创建。这也就要求企业抛开理论，或者在更深刻地理解理论的基础上，更本质地来思考：我给消费者提供的差异化价值到底是什么？特别是在互联网时代，更是如此。

互联网到底是什么、意味着什么？一直以来观点很多，但至少有一点是所有人都认可的，那就是互联网带来了信息的透明化，改变了消费者的决策模式——消费者在使用过一个产品后，对产品的认可、感知、观点和想法等，可以很快地传递给其他网民。消费者可以很快地评估一个产品或服务的绝对价值，而过去的那种用于推断产品或服务质量的"相对力量"，比如品牌广告带来的熟悉感、自吹自夸的定位、从众心理带来的盲目消费等往往开始弱化。

但有时候，我们不得不认为，"价值"是相对的。不少人喜欢星巴克，但也有人觉得星巴克的咖啡味道不好，有些人觉得星巴克的环境不够安静，有些人觉得星巴克的洗手间太脏，还有人觉得星巴克太过于俗套，当然，也有人觉得星巴克的咖啡太贵。在互联网时代，人们的价值趋向多元化。而也正是在信息越来越丰富的背景下，我们开始能够更加理性地思考。同时，人们对"消费"也开始变得越来越成熟。

著名的战略管理学家项保华在《战略管理：艺术与实务》中提到对宇宙人生的三个元假设，即"不确定人生、多样化世界、互适应关系"。① 其中，多样化世界就代表着这个世界意义和价值的多样化。ZARA做成了快时尚，优衣库做成了"反时尚"，而落在中间的GAP则真是掉进了鸿沟。在服装行业，各种各样的风格差异其实体现的都是人的差异性，以童装为例，欧美风、小清新、日韩风、运动风、基本款、舒服型、特殊场景等，都代表着不同的价值选择。

那为什么会重回价值时代？原因多样，既有互联网和移动互联网的因素，也有经济发展到一定程度后，人性自由化后的必然选择。互联网和移动互联网部分地消除了信息不对称，带来了信息的透明化。而在信息透明化时代，产品真正的价值开始浮现出来。在传统的对品牌的认知和购买中，我们因为熟悉感而埋单，比如，天天见产品广告所带来的熟悉感，而熟悉感会带来认同感和信任感。而在互联网时代，仅仅有熟悉

---

① 项保华：《战略管理：艺术与实务》，华夏出版社，2001，第5页。

感还不够，还必须在此基础上加入价值感。

很多人会说做品牌就得扯大旗，占山头。在一定意义上，可以这么理解，但今天，不能光有这个扯大旗的本事，还得有真正能占住这个山头的本事。今天的品牌价值并不是对之前品牌创建方法的否认，而是在此基础上进行叠加。

二　从唯一到第一

那未来企业的发展思路在哪？互联网是个网状结构，要么做面，要么做线，要么做点。每个企业都应该明白自己的位置所在。面，是整个商业生态系统；线，是平台思维，做资源组合；点，就是一个一个的价值点。面的事情，不是一般的企业能做到的。阿里巴巴、腾讯、苹果都在努力构建自己的商业生态系统。平台，在中国各个行业中的机会也是越来越少。但在中国，始终最缺少的还是能把产品做好，能在一个细分价值领域做到极致的 Top1 品牌。事实上，留给大多数企业的机会就在于如何在细分领域做到顶尖和极致。在德国，这被称为隐形冠军；在日本，则被称为世界第一的小公司。

坂本光司在《世界第一的小公司》一书中介绍了八家日本的公司。[1]

（1）梦幻羊羹：一家只有 3.3 平方米的小店，卖的东西很简单，只有"羊羹"和"最中"两种，年销售额却达到 3 亿日元。

（2）幸福小川：专门为行动不便的人制造一些便于使用的产品。

（3）丸吉日新堂印刷：日本第一名片商。一家外地顾客占八成、回头率达九成的名片印刷公司。

（4）板室温泉大黑屋：顾客临终前"还想再去住一晚"的旅馆。一家以"养生与艺术"为主题的旅馆。

（5）ARAKI 小酒屋：全力打造真正满足顾客喜好的"臻品店铺"。

---

[1] 〔日〕坂本光司：《世界第一的小公司》，安潇潇、张夏源译，吉林文史出版社，2011。

（6）高龄社：专为老年人提供工作机会，让他们实现自身价值的公司。

（7）辻古工业：典型的家坊式企业，却创造了独一无二、领先世界的制品，而其产品只是不太起眼的铅球。

（8）岸氏工程技术：小规模的企业，却持之以恒地为残障者和行动不便者开发世界领先的福利器材。

尽管这8家公司来自不同的行业，但作为经营成功的小公司，它们有一些共性的东西。

这8家公司都是小公司。这个"小"可以从多个方面来理解：产品小、规模小、员工少、销售额少、消费群也小。

毫不起眼的"羊羹""名片""铅球"等都可以成就一家优秀的公司。旅馆、酒馆也是我们生活中常见的，并无特殊性。还有一些产品属于使用人群极小的。比如，幸福小川，专门为行动不便的人制造产品，而这些产品市场需求数量极少，却必须有针对性地进行开发。不但产品小，规模也小。这八家公司大多是家庭作坊式的公司，员工甚至不到10人。在领导人的概念中，也不存在连锁、上市等做大的概念。但"小"往往意味着"精"和"特"，意味着更个性化的产品和服务、更快的响应速度、更长期的坚持以及更好的创新。比如，梦幻羊羹对其产品质量的控制。丸吉日新堂在名片当中开发出新的环保名片，也能根据客户需求进行开发。而一个小小的铅球却能够做到重量误差不超过25克。板室温泉大黑屋更是将"养生与艺术"的理念发挥到极致，光是购买艺术品的投资就超过2000万元人民币。

虽说这些公司的产品多有特色，但和大公司相比，它们的销售额并不高。这八家公司中，有的经营不错，有的经营利润并不是特别高。但是，去探究它们的经营初衷时，却发现，无一例外地充满正能量。"爱、责任、热情"是它们在经营中考虑最多的。在整本书中，我们可以看到日本企业家当中类似于稻盛和夫的价值观和理念："对社会有价值才不会被顾客所抛弃"，"做有价值的事情"，"让员工更加幸福，为社会做更多贡献"，"以人本主义的方式经营"，"心怀挑战精神不断追求进步"……而这些经营理念并不仅仅是贴在墙上的标语，而是落实到企业实际的运营当中。

丸吉日新堂的社长阿部先生在思考自己能为社会做点什么的同时，开始不懈地开发新的环保名片，包括用"香蕉纸"做成环保名片。高龄社30%的收益返还给公司内部员工和注册员工。而在岸氏工程技术公司，每一件福利器材都包含着爱和泪水。迎合强者喜好的商品在今天已经遍地都是，岸氏工程技术生产的是弱者期待的产品。岸氏的社训中提到"Supreme"（完美、完善）、"Sincere"（真诚）、"Safe"（安全）等六个"S"，岸先生特别强调，要把 Simple 和 Speed 这两点贯彻到底。Simple 即产品的使用方法简单，Speed 在这里指的不是最近流行的"快速经营"，它所表达的是"顾客急切地盼望着这些产品，公司要尽快满足顾客的心愿"。

三 越是小企业，越要思考品牌价值

在咨询过程中，经常有企业家说，我们公司太小，做品牌是大公司的事情。其实不然，越是小企业，有时候越要想明白自己的价值所在。因为小公司资源有限，经不起浪费，所有资源都必须用在刀刃上，也就是价值的传递上。所以，越是清晰的品牌规划，越小的价值切入口，越有利于小公司的成长。

最近收到创业的朋友寄来的男士内裤。男士内裤作为一种极为普通的商品，竞争自然是再激烈不过。那么，在这样的成熟行业中，一个新品牌能否创新，能否创造出新的价值？

朋友创建的男士内裤品牌名为"唧唧复唧唧"。当然，市场机会并不是只有一人发现。无独有偶，互联网上还有一个男士内裤品牌"香蕉先森"，对比"唧唧复唧唧"和"香蕉先森"两个品牌，可以明显发现两者在售卖的价值点以及价值传递上的差异。

首先，两个品牌的价值选择不同。"唧唧复唧唧"立志于为商务人士做一条最舒适的内裤，希望能做到最高的性价比。而"香蕉先森"卖的并不仅仅是男性内裤产品本身，而是对"女性的征服"。

围绕着价值的差异，两者的产品、文案、定价、形象也各不相同。

图 2-3　唧唧复唧唧主形象广告

图 2-4　香蕉先森主 LOGO 形象

产品卖点设计对比：

图 2-5　唧唧复唧唧内页广告

图 2-6　唧唧复唧唧内页广告

当然，这里我们并不去做好坏对比，而是明显能看到两者之间的价值差异。"唧唧复唧唧"的产品手册是这样介绍自己的：我们的目标是打造一款贴肤舒适、体验完美、宛若无物的男士内裤。在他们看来，"内裤是男人必需品而非时装"，"一件内裤最好的隐藏，是让身体忘掉它。一个早晨，打开衣柜，迷迷糊糊的无意识中，你选择的那件，就是身体的潜在呼唤"。而在讲到模特照片时，他们也认为："选择川藏拍摄是因为传统的男士内裤品牌形象多展现色欲、性感、奢华等萎靡柔弱之象，作为一个有理想的品牌，我们希望'唧唧复唧唧'展现出波澜壮阔、高耸伟岸的气象。"

而"香蕉先森"无疑卖的是"对女性的征服"，这一点不论是在其LOGO中，还是在形象广告中，都有露骨的表达。

两者的价值选择不同，客户也不同。正所谓"风格无好坏，品位有高下"。风格正对应着价值的多样化，而品位则是企业需要修炼和不断努力的境界。找到属于自己的风格（价值），并不断提升能力，保证价值的实现和传递，是企业未来在品牌打造过程中需要去努力做的。

据此，我们可以将品牌塑造的过程分为四个模块（如图2－7所示）。

第一，价值发现阶段。通过洞察外部趋势，进行行业机会分析以及自己愿景或理想的内省，找到未来行业或社会的价值机会或者说是价值缺口所在。

第二，价值定位及创新。一个行业不是只有一个机会，但企业必须从众多机会中选择出一个属于自己的机会，这个机会是有别于竞争对手的，能满足一部分消费者的需求的，同时，也是企业自身能做到的。

第三，价值传递及实现。找到自己的价值机会后，便是思考如何实现这个价值，同时，如何更好地传递这个价值。在以往麦肯锡的论述中，价值传递及价值实现是分成两步的，但是在移动互联网时代，价值传递和价值实现往往有更多的交集。比如，产品设计，是一个价值实现的过程，同时也是价值传递的过程。

第四，打造品牌价值。实现品牌价值，需要组织具备一定的能力。需要哪些能力、这些能力是自建还是外包，则是在品牌运营过程中需要思考的问题。在移动互联网时代，企业需要具备的能力包括价值观力、故事力、互动力、社群力、体验力、融合力、管理力。

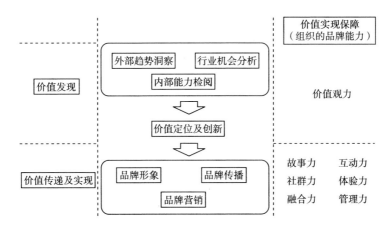

图 2 - 7　品牌价值塑造

第三章　文化符号中的价值发现

重回本质
品牌的价值思考

　　任何策略制定前都少不了必要的对企业所处环境的分析。最常用到的分析工具是 PEST 分析工具①，即从政治、经济、技术及社会四个角度对企业所处的环境进行分析。

　　这是在制定企业战略时都要用到的工具，品牌战略的制定也不例外。但在 PEST 环境分析当中有一点却是品牌战略制定前的重中之重：社会当前的文化背景。社会决定了人们的基本信仰、价值观念和生活准则。企业要了解人们对待自己、他人、组织、社会、自然和宇宙的观点，制造出符合社会核心价值和次价值的产品，并且提炼成品牌化的表达。

　　很多企业家对品牌有误解，在他们看来，品牌是务虚的。正是因为这样的理解，有一些企业家对"品牌"不够重视。其实，品牌既务虚又务实。品牌往往是站在更高层次去思考商业问题。国际著名品牌人、Saffron 品牌顾问公司主席、沃尔夫·奥林斯公司的合伙创造人和前主席沃利·奥林斯曾经如此"定义"品牌：从根本上讲，品牌化是人类境况的深刻体现，它是一种归属感，人类对部落、信仰或家庭的归属感，都通过品牌化展现出来。② 所以，品牌是商业和文化的结合。全球工业设计教父、青蛙公司创造人哈特穆特·艾斯林格在其著作《一线之间：

---

① PEST 分析是指宏观环境分析，P 是政治 "politics"，E 是经济 "economy"，S 是社会 "society"，T 是技术 "technology"。

② 〔美〕黛比·米尔曼：《品牌思考及更高追求》，百舜译，山东画报出版社，2012，第 4 页。

设计战略如何决定商业的未来》的中文版序中写道："技术和市场趋势转瞬即逝，真正能永恒的是品牌以及它们所代表的独特文化，而'设计战略'正是促成这种文化神奇的驱动力。"① 在所有关于品牌的定义中，笔者最喜欢的一个是法国政治经济学家雅克·阿塔利在《21 世纪词典》中的描述，在他看来："永恒的品牌是那些能够代表世界视野，使消费者能够从中永远找到自我的品牌，并在购买他们之后，有一种归属这个特殊群体的感觉。如代表活力的可口可乐，代表能力的 IBM，代表自我超越的耐克，代表幸福的麦当劳，代表智慧的微软，代表健康的达能，代表移动的索尼……以后还会出现一些代表吸引、逃避、孤独、真实、爱情等的新品牌。群星灿烂的品牌代表着商业文明的高度。"② 事实上，这也部分解释了中国改革开放三十年却没有诞生多少伟大品牌的原因。因为中国品牌普遍缺乏这种"精神"。但最近，"IP"的崛起，让我们发现，商业世界开始和品牌精神趋于一致。在《超级 IP：互联网新物种方法论》一书中，吴声是这样理解超级 IP 的定义的："它是万物互联时代个人化或个体化的'新物种'，是由系统方法论构建的有生命周期的内容符号，它可以是具体的人，可以是文学作品，可以是某一个具象的品牌，也可以是我们难以描绘的某一个差异化的，非物质遗产的继承人。它是故事体系和话语体系的稀缺价值，也代表了商业价值的稀缺性和可交换性。"③ 这一次，商业开始意识到人类宝贵精神财富的重要性。

人类的文化发展潮流像一股大势，不可阻挡。20 世纪 50 年代，美国的制帽业曾经上演一幕惊心动魄的产业拯救大片。在《广告：艰难

① 〔美〕哈特穆特·艾斯林格：《一线之间：设计战略如何决定商业的未来》，孙映辉译，中国人民大学出版社，2012，中文版序，第 7 页。
② 〔法〕雅克·阿塔利：《21 世纪词典》，梁志燮、周铁山译，广西师范大学出版社，2004，第 168 页。
③ 吴声：《超级 IP：互联网新物种方法论》，中信出版集团，2016，第 33 页。

的说服》中，迈克尔·舒德森给我们详细地描述了这一幕：1964～1970年，男帽行业突然衰落，美国帽业公司和约翰·B. 斯特森公司被迫停业，并把自己的商标名称和存货卖给多种经营的公司。服饰行业的一个重要组成部分怎么会就这样消失了呢？要找出原因并不容易。业界人士怪罪约翰·肯尼迪总统不戴帽子的衣着风格引起时尚发生变化。在他任职期间，制帽商一直忧心忡忡。肯尼迪不是创造新潮流，只是标志着某种变化即将发生。《纽约时报》的看法是，问题可能在于战后公众穿着普遍休闲化，其起始是战争一结束大学生中间立即流行不戴帽。而更重要的也许是20世纪50年代和60年代人们纷纷迁往郊区，坐车的时间更多了，在车上不仅戴帽不方便，上下车时帽子容易被碰掉或碰歪，而且因为出门坐车，在寒冷中行走或站立的时间少了，帽子逐渐失去了保护功能。与此同时，男人的发型也出现了变化。如果有什么名人应该对帽子的式微负责，可能也不应该是肯尼迪，而应是1963年的披头士乐队，他们先是在男青年中，接着又在年龄较大的男人中掀起了留长发的风气。不仅是因为有了长发帽子不好戴，而且更重要的是发型成为人们很关心的事情，成为男人时尚意识的一个焦点，他们不想用帽子把它盖起来（或者把它弄乱）。①

　　作者原本是想用这个案例来说明"广告的用处"，但在某种意义上它也已成为一个典型的商业文化案例。服装时尚产业向来是"理念先行"，所以，任何文化或社会意识风向的转变，都会给行业带来巨大的改变。羽绒服巨头波司登在经历快速增长期后，却遭遇了2012～2015年的销售下滑，虽然有天气的原因，但还有一个更重要的原因在于：从2008年开始，日韩时尚风靡亚洲，消费者追捧日韩系，冬装时尚一夜间变成哈韩哈日的里三件外三件的精巧打扮。而波司登无疑错过了这一机遇。

---

① 〔美〕迈克尔·舒德森：《广告：艰难的说服》，陈安全译，华夏出版社，2014，第16～17页。

近年来，中国服装行业越来越多地开始流行"棉麻风"，也正好对应了都市里人们想要回归乡村质朴生活的愿望。最近几年的设计界，无论是家居，还是服装、生活用品，甚至是生活方式，都流行一种风格：简约、黑白灰、线条分明，也就是所谓的"性冷淡风"。而"性冷淡风"为何流行？一是中产阶层的壮大，中产的标志就是黑白灰、去繁求简；二是社会阶层的日渐固化，经济发展放缓、人的生活起伏很小，大革命时代那种喧闹的、夸张的颜色（大红大绿大黄）一去不复返了。

不仅是服装行业，其实任何行业都会受到文化风潮的影响，因为"文化"本身就是人们消费的重要价值。

第一节　创新品牌背后的时代精神

在《文化战略：以创新的意识形态构建独特的文化品牌》的作者道格拉斯·霍尔特等看来，真正具有冲破性的创新必须在发现由社会和历史变迁引起的意识形态机遇的基础上进行。[①]

一个品牌的成功，往往有很多原因。案例分析的一大难点就在于很难全面地理解和把握，以至于经常会把某一个或几个点当成品牌成功的全部，或者忽略了品牌成功真正的关键。如果从文化机遇的角度重新去思考一些开创性的成功品牌，我们也将有一些新的认识。

比如，今天提出一个问题："耐克为什么最初在美国能成功？"可能有各种答案："just do it"这句广告语好；品牌有感情；代言人乔丹的选择太棒了等。当然，也有人认为是耐克卓越的制鞋技术。事实上，耐克声誉卓著的制鞋技术早就有了，但与品牌的市场成功并不同步。耐

[①]　〔美〕道格拉斯·霍尔特、道格拉斯·卡梅隆：《文化战略：以创新的意识形态构建独特的文化品牌》，商务印书馆，2013，第 5 页。

克的成功是因为创新的文化表述而不是创新的产品。我们可以看看 20
世纪 70 年代的美国发生了什么。二战结束之后，美国是一个未被摧垮
的经济体，这个国家在全世界有着巨大的政治影响和文化信誉。因为来
自其他国家的竞争极少，美国人意识形态中"坚持自我进步"的核心
意识明显淡化。生活优越、生活标准急速提高似乎不需要费多大的劲，
人们好像完全不必努力地工作。整整 20 年，实现美国梦变得如此容易，
不必投身辛苦的工作，不必节俭，也不必有顽强的意志去克服困难和挑
战，就可以得到财富、机会以及更好的生活。但到了 20 世纪 70 年代后
期，这一切开始发生变化，美国经济进入了一个重要的转型期。一方
面，石油输出国组织（OPEC）抬高了原油价格；另一方面日本和联邦
德国开始赶上，特别是日本经济的发展，甚至引发了美国管理界对日本
企业界的学习，催生了对"企业文化"的探讨和认知。此时的美国人
突然发现，原来，成功不是那么容易，原来有的时候还需要和自己
"死磕"。1978 年前后，美国人开始爱上跑步，跑步这项枯燥、单调、
乏味的运动开始让美国人重新拥有瘦的、矫健的身体。但为什么是跑步
而不是其他运动？这和不同运动项目的属性相关，不同运动成功的关键
因素有所不同。跑步、游泳这样的个人运动对个人的耐力和坚持甚是考
验。对抗性运动，如网球、羽毛球需要有直接的对手，往往更多的是强
调打倒对方就是胜利；篮球、足球这样的团体运动更多考验的是团队作
战能力；而诸如高尔夫、下棋等，则考验着思考能力，前一步总会影响
后一步。而跑步这种几乎不需要任何场地、任何工具的运动，最能体现
与个人自我意志的较劲。耐克正是解开并利用了这一文化密码。

这几年的中国街头也出现了一个新的城市景观：各个地方都开始举
办马拉松比赛；城市的晚上，多了许多戴着耳机、拿着手机、穿戴严整
的夜跑者，而在朋友圈也有不少人每天必"晒"自己的跑步成绩。实
际上，这一流行现象的背后有时代精神。有人说，这是中国中产阶级的
新宗教，长跑是现代生活的一种苦修路径；也有人分析，是因为这些经

济无忧的中年人，突然发现，控制不了自己的体重的人不可能控制好自己的人生。对于雅戈尔、依文这样的男装品牌来说，其衬衣的版型越做越修身，是不争的事实；也有人说，在一个地沟油泛滥、社交依赖饭局、热量严重过剩的国家里，遍布身材走形、缺乏教养、谈吐和气质猥琐的人，而越来越多的人似乎意识到要过一种反思的生活，首先便要从改造身体开始。事实上，这些原因都有，但笔者认为还有一个原因：中国经济快速发展的时期已经过去，现今的中国人和 20 世纪 70 年代末期的美国人相似，发现经济发展不再是"水涨船高"的事情，努力、坚持、毅力的进步意识开始成为一种新的时代精神。

不仅国际大品牌要关注文化变迁，国内的小品牌也是如此。我们可以来看一个本土的案例。玉环市位于浙江省东南沿海，隶属台州市，曾连续多年被评为全国百强县。和浙江大多数外贸型经济聚集区相似，玉环市的产业主要是水暖阀门、欧美家具、汽车零部件。中国经济进入新常态后，这些企业中的大多数开始陷入经营困境。和成铜业有限公司是玉环市成千上万外贸型企业中的一家，不同的是，其在五六年前就找到了细分化和差异化路径，从水暖阀门中选择了"桶装啤酒分发系统"这一专业化产品。所以，当很多外贸型企业仍在寻求转型升级时，和成铜业的出口额仍是每年上升的。2014 年，一直在国内市场并没多少销售的和成铜业敏锐地感觉到了中国市场上啤酒文化的变化：消费者开始厌倦曾经风靡一时的"清淡啤酒""淡爽啤酒"，开始转向追求品味多样化、味道更为厚重和浓郁的各类桶装啤酒和强调手工酿造的"精酿啤酒"。青岛啤酒、雪花啤酒等大品牌的销售增长开始下滑，而进口桶装啤酒的销售额却在急速上升，百威、喜力等国外啤酒巨头也开始在桶装啤酒上发力，本土啤酒品牌千岛湖啤酒也开始通过体验营销打造啤酒酒吧以及啤酒小镇重新构筑自己的竞争优势。

即便是毫无国内市场销售经验，和成铜业却毅然开始在国内市场创建品牌。在和成铜业的创始者看来，这是中国啤酒行业的又一大机遇。

长年从事外贸所形成的对啤酒文化的熟悉度以及长期代加工所形成的高精度的制造能力，此时成了和成铜业最大的优势。国内大多数啤酒厂商的战略和态度是"等"：等着这一趋势确立后，再凭着自身的品牌知名度优势和渠道优势去重新抢占市场。而与它们不同，和成铜业开始意识到，在品牌创建过程中，它需要和一些对精酿啤酒有着相同价值观和理念的合作伙伴一起，推动中国精酿啤酒行业健康可持续发展。

成功的开创性品牌往往能敏锐地发现社会风潮的变化，能引起人们对"价值"的重新发现和思考。香奈尔的成功很重要的一点在于它是第一个"让女性穿上裤子"的品牌；优衣库的出现，让人们明白在"快时尚"之外还有别的选择；无印良品，让日本的"侘寂"文化为世界所瞩目；被称为灯具之王的意大利阿特米尔德公司认为"人们购买的是灯光，而不是灯本身"；叶国富的名创优品，也是率先在连锁杂货铺中引入了"日韩设计风"的概念。

第二节 文化的分析

身处不同行业的企业对时代文化的重要性往往有不同的认知。处于服装、时尚用品、快消品等行业的企业往往对文化重要性的认知更为深刻。但是其他处于耐用消费品、工业品的企业往往很难对"文化"有更深刻的认知。但其实，两者都需要关注文化，因为文化就是以"人"为核心的。比如，很多地板品牌都想打造"美学地板"或者"设计化地板"，此时，对地板和家装文化的认知就显得十分重要。笔者曾经和国内做安防产品的一家企业沟通，他们认为安防行业更侧重技术层面，因而忽略了从"文化"的层面去挖掘公司的意义和价值。今天的安防行业对消费者的价值早就超出了技术的范畴，遍布各个角落的摄像头给人们带来的是生活方式、思考方式、安全感的改变。当我们透过摄像头看到同一时间不同地方的不同场景时，谁能不说这是另一种体验？英国的迷你电视剧《黑镜》聚焦科技发展后，人们的不安全感，以尖锐、悬疑、讽刺的口吻娓娓道来。只不过，和《黑镜》不同，企业的文化传播可以从正面的价值和意义出发。当企业和客户沟通时，可以从技术入手；但是当和大众沟通时，深入的"文化探讨"才是正确的沟通之道。

所以，企业要培养自己对文化的敏感度，从大众心理角度深入思考品牌的意义和价值。企业家和企业的首席品牌官至少应该做到以下几点。

1. 关注社会的亚文化

亚文化，又称次文化，或副文化，是指和社会主流文化相对应的那些非主流的、局部的文化。它体现的是各种社会和自然因素造成的各地区、各群体文化的特殊性。早在 1950 年大卫·雷斯曼就提出大众文化和次文化的差别，并且称次文化具有颠覆精神。大众是"消极地接受了商业所给予的风格和价值"，而次文化则"积极地寻求一种小众的风格"。当前是价值观细分的年代，各种亚文化及小众标签不断出现在我们的视野里，媒体上不断出现各种亚文化词语："乐活族""彩虹族""NONO 族""腐女族""宅御族""科技男"……而这些文化词汇最后几乎都成了小而美品牌身上的标签。

亚文化之所以重要，是因为亚文化本身可以成为细分市场的一个重要维度。互联网的"无界"让原本一些在线下无法支撑一个品牌的小众化市场开始变得更加有价值。以淘宝女装品牌"裂帛"为例，这样的品牌风格很难成为一个成功的线下品牌，因为太过小众，但是在淘宝上可以成功。而且我们发现服装淘宝品牌的成功，一个很重要的因素在于风格的极致细分，也正是这样的小众风格的极致细分才使其得以和传统的线下服装品牌相区隔。

随着时间的推移，有时候，亚文化慢慢会成为主流文化的一部分。

比如，曾经"摇滚文化""爵士乐"都是一种亚文化，但今天，已经变成了主流文化的一部分。某些时候，亚文化在短时间内会成为一种不可忽视的现象，以至于成为企业沟通时必不可少的话语体系的一部分。比如，"星座"也曾只是一部分女性的喜好，但如今几乎变成全民话题，成为企业品牌塑造和推广中的重要元素。再比如，赵雷等民谣歌手，以前更多的是一种小众文化现象，但现在已成为社会主流文化的一部分。而亚文化向主流文化转变的关键时刻，便是新品牌开创的好时机。

2. 学会分清流行、趋势、大趋势以及文化

对于企业来说，很多时候要看清流行、趋势、大趋势以及文化的区别。

从持续的时间上来看，一般超过 100 年的我们称之为文化，比如我们今天讲的中国文化已经持续几千年时间。持续 30 年左右的，我们称之为"大趋势"。而持续时间在 1～10 年的，一般称"趋势"，而短期出现（6 个月到 1 年左右）长期则消失的，则称之为"流行"。比如，互联网带来的文化变化，就是一种"大趋势"，甚至会影响更长远。而某一种时尚风格则最多只能算一种"趋势"，比如"快时尚"。而某一个产品，可能只是持续时间更短的"流行"。往往在一个趋势下会有不同的流行。共享经济可能是一个趋势，但"格子铺"只是一种流行。

如何去判断一个现象是"流行"、"趋势"还是"大趋势"？在全球范围内，总有不少潮流的先知先觉者，他们创造某一新元素或提出创新的设计风格，成为其所在行业的领军人物或品牌，并影响到社会的方方面面，我们称之为"潮流缔造者"或"标杆"。"趋势指的是产品的推陈出新以及由标杆开创潮流并融入主流文化的一个过程。如果不同种类的产品都体现了同样一种倾向，那么显然不是一种昙花一现的流行，而是一种趋势。"①

---

① 《城市画报》2013 年第 6 期，第 52 页。

特别是品牌还要处理好一个问题，那就是品牌自身的"文化理念"和社会的"文化现象"之间的关系。由于互联网的社会化营销出现时间并不长，整个互联网呈现出一种"无底线、无厘头、不严肃"的现象，于是，一夜之间，几乎所有品牌在网络上呈现出同一种语言风格，而似乎忘掉了自身的文化特质和品牌调性。然而，当一个品牌代表着"理性"的时候，即使是在互联网上传播，也不应脱离自己的品牌核心。同时，我们也要意识到，互联网出现这样的现象，只是一个短期现象。

3. 密切关注和企业相关的一些群体及其文化

对一个企业来说，特别是在移动互联网时代，要比较密切地关注某些群体所呈现出来的文化特征及文化现象。

第一，青年文化及边缘文化。

企业要从不同渠道、多角度地关注社会的青年文化以及一些边缘文化。文化的创新和突破往往都是从边缘文化开始的。在互联网时代，大多数潮流都是从青年开始扩散的。这些可以通过观察最新的电视节目、电视剧、网络文化现象以及电影，特别是一些收视率较高的节目获得。和企业不同，媒介往往得站在文化的潮头，其工作更主要的就在于发现社会的文化潮流所在。有些时候，节目的背后往往会是一个重大的预示。从电视节目、电视剧、网络文化、电影、音乐等文化现象中，企业的首席品牌官往往能找到很多的文化线索。比如，东方卫视的《梦想改造家》，其第一期的红火似乎有点出乎人们的意料，但从这里也可以看出未来"设计"的力量所在。这便是一个重要的"文化"提示。

第二，社会创新扩散型人物。

传播学理论当中有一个经典的"创新扩散理论"，是由美国学者埃弗雷特·罗杰斯于20世纪60年代提出的一种关于通过媒介劝服人们接受新观念、新事物、新产品的理论，侧重大众传播对社会和文化的影响。罗杰斯考察了创新扩散的进程和各种影响因素，总结出创新事物在一个社会系统中扩散的基本规律，提出了著名的创新扩散 S－曲线理论。由此，也产生了对创新扩散对象的研究：

创新者：关注新事物，易接受新观念，热衷于尝试，见多识广，拥有广泛的社会关系；

早期采用者：地位受人尊敬，通常是社会系统内部最高层次的意见领袖；

早期众多跟进者：深思熟虑，经常与人沟通，但很少居于意见领袖的地位；

后期众多跟进者：疑虑较多，通常是出于经济必要或社会关系压力；

滞后者：因循守旧，局限于地方观念，比较闭塞，主要参考以往经验。

一个新产品的流行，往往是从创新者开始，然后经过早期采用者、早期众多跟进者，再慢慢扩散至滞后者。人们在试用新产品的态度上有明显的差异。每一产品领域都有先驱和早期采用者，而同一个消费者也可能在不同产品领域创新中充当不同的角色。所以，一个品牌在创新的过程中，首先要找到一批创新者，让他们成为最早的一批种子用户。

第三，行业里的极端用户。

互联网时代是一个"知识盈余"的时代，随着大众认知的增强，"科学与知识"成为消费者信任要素中的重要一环。越来越多的消费者开始选择用逻辑、知识以及简单的推理来思考一个品牌。而在大多数行业中都存在这样一部分人：他们是品牌或品类的极度忠诚者，极度热爱某一类产品，并且他们对产品也有一定程度的了解，对产品之间的差异有着远远超越普通消费者的熟知，他们是周围身边朋友购买这类产品的顾问，他们也是最容易对产品挑剔和提出改进建议的人。《怪咖时代：小众势力崛起，愈怪愈有商机》的作者塞斯·高汀在书中也如此倡导："中间消费市场已逐渐陷落，你不用关注中间消费者，只需讨好一群有特别喜好的'怪咖'，就可以依靠这群狂热者来撼动市场。"①

4. 思考国外文化的落地及其与中国文化的碰撞

今天大多数企业不得不面对一个问题：中西方文化的碰撞在商业领域的影响。一方面，在很多行业，中国大陆的商业形态明显是跟着港台地区及日韩、欧美的步伐的。另一方面，中国的当代年轻人更多地受着西方文化及价值观的影响。但中国的商业完全照搬国外成功的例子又很少，大多数要结合本土状况进行思考。肖知兴认为，在中国，管理者往往会掉入两个坑里：一个坑是理论和实践的坑，另一个就是国外和国内文化差异的坑。

以扎啤为例。扎啤早在 20 年前就在中国流行过一阵。但是，很快这个行业就遭遇了毁灭性打击。我们在调研中也大致发现了原因所在，那就是各种不规范的行为使得扎啤的安全问题层出不穷。比如，很多酒商并不了解扎啤机的专业维护和保养，导致啤酒大量变味变质；有些酒商甚至将顾客没有喝完的扎啤重新倒回酒桶里。而之所以出现这样的事情，主要有几个原因：一是在扎啤的销售中，对扎啤机的清洗和维护非常重要，但中国人往往比较缺乏这种意识；二是当时中国的消费者对于啤酒的消费，也没有达到扎啤的程度；三是市场发展太快，而瓶装啤酒对于大多数酒类经销商来说，都更为方便。所以，在给和成铜业咨询的过程中，我们重点思考了以下问题：如何让扎啤行业避免重蹈二十年前的覆辙？当前中国的文化是否使中国具备了扎啤消费的土壤？如何更好地引导扎啤消费文化？如何保证行业的健康可持续发展？……甚至在对精酿的研究过程中，我们也确实发现，中国和西方文化对精酿有不同理解。在西方，精酿是建立在嬉皮士文化基础之上的，其本质是小众化、个性化。而中国的精酿文化更多的还是建立在中产的消费升级基础之上。

---

① 〔美〕塞斯·高汀：《怪咖时代：小众势力崛起，愈怪愈有商机》，吴书榆译，三采文化，第 21 页。

5. 借助外部的专业研究机构

"文化"在中国的商业思考和分析中并不占据主流。文化分析本身也是一件技巧性不高，对洞察力却要求很高的事情，这也使得企业自身往往很难具备这样的能力。幸好，现在已经有不少公司开始专职进行社会文化研究。企业在实际的品牌创建过程中，可以借助这类外部的力量获得一些洞察和分析。

比如，《新周刊》和《城市画报》等杂志对中国本土的时尚文化变迁总是会及时而深入地展开思考和研究。而一些研究机构也将研究对准了不同年龄的人群，比如现在的 90 后年轻人。还有些机构则对具体行业内的消费行为和消费趋势有着更精准的洞察。企业可以对这些研究机构的研究成果给予持续关注，这样，便能建立起自己对社会发展趋势脉络的把握，率先洞察到市场文化先机。

第三节　当前中国的几大文化特征

近几年，我们最常听到的一个词就是互联网或者移动互联网所带来的颠覆性。互联网或移动互联网的颠覆性我们暂且不论，但中国企业目前的困境却绝不仅仅来自互联网，在笔者看来，中国企业目前身上压着三座大山：一是来自经济领域的"新常态"；二是来自技术层面的互联技术；三是来自时代精神及文化层面的改变。这三者的同时到来，使企业开始发现，这个世界和以往的世界似乎完全不一样了。笔者观察，以下几大文化特征正在显现。

第一，中国人的消费升级。

什么是消费升级？就是中国的消费者在经过大量商品的洗礼后，所表现出来的对更好的物质和体验等的追求。事实上，消费永远都是在

"升级"的，每个行业的消费者价值都会随着时间的变化而变化。在某种意义上，正是消费者的善变推动着行业不断地向前发展。但之所以在目前表现得特别明显，就在于环境的同时变化导致消费升级几乎在各个行业出现。

在食品行业，人们从吃得饱、吃得多，到现在转变为"吃得少，吃得好，吃得更安全"。

在服装行业，消费者不仅是穿得起，穿得时尚，更要穿得个性。

在白酒行业，消费者不想喝酒精勾兑的白酒，而是真正的好白酒。

在住房行业，人们也希望以前是买得起房，现在希望能买更大的、更符合自己的个性化需求的房子。

在装修行业，以前只是装修，今天消费者希望更加环保，更加个性化，更有设计感。

甚至在瓶装水行业，农夫山泉也让大家看到，原来"美"也能成为消费升级的方向，而且是一个非常重要的方向。

而在洗发水和沐浴露行业，我们看到了人们对纯天然和自然的向往。

而在旅游行业，人们希望从"到此一游"，真正转变成一个体验者，旅游也开始转向个性化、主题化和深度化。

……

在这样的消费升级中，会诞生大量的行业机会。而这正是创建一个新品牌或者升级旧品牌的绝好机会。

对于企业而言，在这样的情况下，谁能深入地洞察消费者的痛点和需求，并以此开发出符合消费者需求的新产品，自然就能在经济新常态下脱颖而出。

第二，M 型社会背景下的经营策略。

M 型社会的概念最早是由日本著名的战略管理学者大前研一提出来的。在《M 型社会：中产阶级消失的危机与商机》一书中，大前研一分析了日本社会在进入经济衰退后出现的种种迹象，并指出日本经济已经进入长期衰退，而日本的社会结构也发生了极大的变化。简单地说，就是"收入两极化"，以及随之而来的"中产阶级社会"的崩溃。大前研一还指出，美国在30多年前也进入了M型社会。在这种的背景下，企业一味地忍耐而不积极主动地寻找对策肯定是不行的。事实上，无印良品和优衣库也正是在日本社会进入M型社会后、迎合了新的社会趋势后才出现并流行起来的。

当然，作为全球最著名的战略管理学者之一，大前研一自然提出了解决之道：那就是获得中低层客户的青睐。如何让他们青睐？具体的策略有很多，"在低价格业态中，加入附加价值"，"重视'实用性'"，"让库存流动，增加消费"，"活用IT"等。① 所有这些策略其实可以总结为：既要为中产阶级节省金钱，又要顾及他们的面子和需求。

中国也存在类似的情况。中国中产阶级人数到底有多少？这个数字我们不做具体讨论，但中国社会本身更倾向于一个天然的"M"型。特别是经济进入新常态后，人们的消费能力在下降是不争的事实。而此时，品牌要想做好，则必须深入地思考自己的定位，以及如何创造出低成本、价格适中但感觉好的品牌。

当然，这样的策略的前提是，企业已经确定下来，要做"M"下方的生意。如果企业想做"M"上方的生意，那就要采取别的策略了。

第三，中国文化与中国品牌的创建。

在世界经济的舞台上，文化价值取向会决定品牌的创建。大体而言，美国崇尚变化和创新，日本崇尚服从和品质，欧洲崇尚与众不同。所以，我们看到，欧洲一直以品牌和精品为专长，贡献奢侈品品牌，欧洲企业选择的服务对象多是前15%左右的消费者，但具有极高的附加值。美国企业多倾向于技术创新，能够让技术产品化，可以让奢侈商品

---

① 〔日〕大前研一：《M型社会：中产阶级消失的危机与商机》，刘锦秀、江裕真译，中信出版社，2014，第97页。

因为技术而批量生产，使得奢侈消费成为大众消费，正如"轻奢主义"的概念。而日本企业的成功则多靠物美价廉，借助技术和文化，使得产品更加大量生产并且价格低廉。可以说，无印良品、优衣库都是日本技术和文化成就品牌的典范。近几年来，日本商品在中国的流行，除了产品质量好之外，日本文化的影响功不可没。正如陈春花所说，价值取向会决定经营模式。近年来，韩国企业的崛起，也与韩国的"娱乐化"定位密切相关。

品牌是一种差异化。无疑，你比较的对象会决定差异化的选择，以及你的格局。如果企业只是和隔壁的厂比较，多半只会想到资源和机会。在一定意义上，和什么级别的企业比较，决定了诞生什么级别的品牌。但今天中国的企业，毫无疑问，面临的是全球化的市场，也就是说，从创建品牌的角度，我们必须要思考，我们和国际品牌的差异在哪里。

品牌从来就是文化和技术（生产）的结合。中国企业在过去 30 年当中，多以加工模仿和低成本为主，而这些并没有真正的核心竞争力和价值取向支撑。未来的经济必定是全球化的，中国企业在继续以"低成本"开疆拓土的同时，必须从全球角度来思考自己的价值取向。而中国深厚的历史文化正是源泉所在。只有从五千年的中华文化中吸取文化内核并将其展现出来，才能真正在国际化舞台上成为一支重要的品牌力量。

但今天的中国文化与品牌创建的融合仍有太多问题，真正将两者融合做得好的品牌，也是少之又少。反倒是一些国际设计师在运用中国文化符号进行创新时，让人刮目相看。"西学为体，中学为用"还是"西学为用，中学为体"，这个曾让中国人苦苦思考、探索、争论的问题，今天仍然值得我们进一步思考。这也许正是未来中国企业和中国品牌的机会所在。

目前来看，中国企业在运用中国文化方面有三层境界。

　　第一层：对过去的产品，几乎不加改进。中国大部分老字号品牌面临的最大问题在于：产品在今天的不适用性。它们面临的困境是，如果只是固守旧产品，和现代人的生活没有关系，则难以创建起新的品牌关系。比如，如果张小泉今天还只是卖剪刀，其可能就永远成不了一个强大的品牌。遗憾的是，中国目前很多所谓的文化品牌都处于这种状态。

　　第二层：用中国文化中的元素和符号嫁接现代产品。第一层境界再往前一步，一些品牌开始运用中国的一些传统文化元素和符号，与现代产品进行嫁接。万事利集团是一家以丝绸文化创意为主业的现代化企业集团。在丝巾领域，万事利一直以打造中国的"爱马仕"为目标，包括聘请香港的设计师和法国的品牌总监，打造"凤凰之家"子品牌，以中国传统的凤凰、蝴蝶等元素进行产品设计，并以"凤凰"为品牌核心基因。

　　第三层：挖掘更为深刻的品牌价值观。中国传统文化有自己独特的哲学和理念，这些哲学和理念是中国人独有的价值观和对事物的认知。但中国品牌并没有好好挖掘，反倒是日本的一些品牌做得较好。日本加贺有家旅店，名字叫"无何有"。事实上，这正是来源于庄子的"无何有之乡"。如何将中国文化中的概念和现代人的需求结合，以更深层的"理念和价值观"作为品牌的核心，是值得中国的企业家和品牌人去思考的问题。位于杭州西湖畔的"隐居"集团正在以"西湖"为起点，不断地向外探寻一个无限大的"隐居世界"。不仅是地域上的，更是生活方式上的。先不论"隐居"集团未来的经营如何，只以"隐居"的概念而论，便是一个非常好的、以中国文化为理念的、值得创建的品牌。

第四章

发现价值缺口和机会：
基于行业、竞争对手
和消费者的分析

重回本质
品牌的价值思考

企业价值的创造，先要关注文化和社会层面的"大趋势"，这样才能明白"势"之所在。但要想在经营中胜出，想创造出品牌自身独特而难以模仿的价值，还需对企业自身所处的行业、面对的竞争对手以及想要获取的消费者进行更深入的分析，从中找到价值创造的缺口和机会所在。

第一节　行业分析：共性与个性的辩证思考

很多时候，企业生产什么产品、提供什么服务，往往是基于某个行业的前景或者利润的。企业最早能发现的，往往是基于行业的机会。而任何一个行业，都有其作为一个整体的"行业"所提供给消费者的共性价值。比如，化妆品行业是贩卖"美丽"，房地产行业卖的是对"家"的向往……但企业在进入某个行业当中后，品牌塑造的目的，则是能在这个行业中塑造出自己独一无二的核心竞争力，形成一种有效的差异化，从而能在行业这个生态圈中找到自己的位置。"共性与个性"是企业在行业分析中要深入思考的命题。

一　从行业中找到价值机会以及品牌的位置

在品牌塑造过程中，对行业的分析，第一步便是思考这个行业是否还有机会。

如何去判断一个行业是否有机会？几个问题非常关键：行业的整体市场有多大？行业近几年的销售增长（或是衰减）情况如何？行业的利润额、行业的进入与退出壁垒如何？以及行业未来的发展趋势是怎样的？

一个伟大的品牌很难在一个日渐萎缩的行业中诞生。即便是一个强大的品牌，在一个日渐萎缩的行业当中，如果不思进取、改变和创新，最终也会被淘汰。而一个强大品牌的诞生，也往往伴随一个品类的崛起。强大的诺基亚的毁灭正好印证了这一点。通常我们总是说品牌会逐渐老化，老化的原因一方面是消费者对品牌价值的"习以为常"，另一个很重要的方面就在于原有行业或品类逐渐被取代。

进入一个行业后，企业需要思考的第二个问题是：我要在这个行业中成为一个什么样的品牌？在《企业定位法则》中，杰格迪什·谢斯和拉金德拉·西索迪亚提出了行业竞争的"三法则"：由于自然竞争的力量，在没有过度的政府干预的情况下，几乎所有的成熟行业中都会出现一种相同的市场结构：行业三巨头、专家型企业和落入壕沟的企业。① 三巨头往往是提供"全线产品的通才型企业"，专家型企业往往选择成为"产品专家型企业"或者"市场专家型企业"。而落入壕沟的企业则是指那些无法和排名前三位的公司相提并论，也不能像专家型企业一样满足特定方面的顾客需求的企业。传统经济学家则认为，大多数行业可以被划分为两个群体：一个是少数几个凭借规模以及范围经济而统治世界的公司；一个是大量的小型公司，每一个都是独树一帜的专家型企业。我们不是经济学家，也无意去深究是"三巨头"或者"二巨头"。但是，两者同样说明了一个道理：要在一个行业中生存下来，企业要么做大，要么做出差异化。

---

① 〔美〕杰格迪什·谢斯、拉金德拉·西索迪亚：《企业定位法则》，夏雨锋译，机械工业出版社，2004，第57页。

在互联网行业，大家经常提到一句话：这个行业，只有第一，没有第二。然而，事实上，直到今天，我们也没有看到哪家企业完全垄断了一个行业。相反，互联网的"无界"，让更多的"小而美"的企业得以生存下来，一些选择超级细分的企业也能够在互联网时代生存下来。

在品牌咨询生涯中，笔者经常听到企业说"我们要做行业第一品牌"。如果在早期，整个行业都没有全国性的大品牌的时候，我们大概能明白这句话背后的目标所在：要成为行业里规模最大、区域范围最广的品牌。但是，在今天，"行业第一品牌"到底意味着什么？是行业内规模最大，还是行业内价格最高？或是行业内忠诚度最高？还是某个区域的第一品牌？甚至是针对某一类细分市场的第一品牌？所以，企业在做品牌之前，要想明白的是，自己的目标是什么。而这个目标很可能不是一个"行业第一"可以概括的。目标不同，路径自然也不同，对企业的资源和能力要求也不相同。当然，所提供的价值自然不同。

二 行业的进化，品类的不断细分，带来新的价值发现

每个行业都有其自身的生命周期，从最初的一个产品开始，然后产品不断分化；随着竞争者的逐渐加入，行业的新价值也在不断地被发现，而企业竞争的焦点也在不断地分化和升级。

在行业的进化当中，一般有两条路径。一是在原有的价值链条上，不断地竞争加码，或者是重新进行价值表述和传递。比如，智能手机行业的手机屏幕大小不断升级；国内化妆品品牌巨头珀莱雅在早期则以"深深深深层补水专家"的定位，将补水的价值再做延伸和深化；果汁饮料都宣传的维 C 含量，从"满足每天所需"到"含有 15% 的维生素C"。但这样的竞争会带来两个问题。一是消费者的习惯性适应和默然。当一家酒店提出我们的床很舒适时，其竞争对手也一定会讲我们的床很舒服；当一家企业强调我们的产品很便宜，其竞争对手则强调我们更便宜。企业之间的竞争最终带来的是价格不断走低。二是新的价值链竞争

到极限，后来的企业已经无法表述。比如，在管道行业，日丰提出"管用五十年"，率先提出了好管的价值在于"使用时间长"，市场后来者金德则提出"好管管用一生"，但仍然无法超越日丰，再后来者，如伟星，基本上已经无法在使用年限上再做价值提炼。

企业的另一条路则是找到一个新的细分市场，摆脱原有的价值竞争，找到新的价值链。也就是我们常说的开创一个新品类。比如，初元在竞争激烈的保健品市场和礼品市场中，找到了"看病人"这一细分市场，提出了"看病人，送初元"的价值主张。化妆品品牌"川"则打出了"夜间护肤专家"的旗号。

再以餐饮行业为例，最早的餐饮业以"俏江南"为典型代表，其价值特征在于：精致的装修，精美的菜肴，良好的服务，美观的菜单，当然价格也是不低的。之后，外婆家出现，重新进行了价值界定：平价的菜肴，不奢侈但有特色的环境，部分服务如倒水、点菜的简化……再之后，外婆家这种快时尚餐饮店竞争越来越激烈，越来越多的品牌加入这一价值链的品牌竞争中。随后，又出现了另一种餐饮模式：只做当季菜、不加味精、厨师自己烧而不是采用中央厨房。

人们常说，消费者最需要的是"物美价廉"，但真正意义上的"物美价廉"是很难存在的。在获取某一部分价值的同时，必须牺牲掉另一部分价值。正是基于对行业的价值的思考，伟大的开创性品牌才会真正诞生。

三 品牌的颠覆性创新有时候来自对行业价值的重新思考

行业到底有没有本质？这个问题不好探讨。但我们知道，每个行业都在满足消费者的各种需求，满足消费者的各种欲望，给消费者提供各种价值。这些价值，如果用马斯洛的话来说，那就是从低层次的安全需求，一直上升到高层次的自我实现的精神追求。每个行业肯定有其共性，这些共性正代表着消费者某一类型的共同的需求，比如，化妆品行业是对美丽的期待，保险行业是对抵御风险的需求。

某些时候，当我们重新思考人和物品的关系的时候，我们能看到新的价值和创新点所在。

被称为灯具中的"劳斯莱斯"的意大利阿特米尔德（Artemide）公司，又被称为"灯具之王"。在阿特米尔德的设计理念中，消费者选购一盏灯并不仅仅是因为喜欢它的外观，更是因为这盏灯能营造出一种让人愉悦的、放松的氛围。消费者买的不是灯，而是灯光。可见，阿特米尔德确实提出了和以往灯具品牌不一样的价值理念。这样的品牌在意大利并不少见。意大利阿特尔公司的 bookworm 书架已经不再只是传统意义上的收纳书本的工具，而是消费者专属的、独特的、精美的、出色的艺术品。同样是意大利的阿莱西公司，它革新了我们看待家庭用品的方式，把生产具有使用功能的产品转化为给家庭创造个性的、多彩的、巧妙的、实用的产品。其灵感来源于人类在童年时的经验——"过渡性客体"。①

再以手表为例。斯沃琪手表对瑞士表的颠覆在于，手表不再是一种凸显身份和地位的工具，而是一件时尚的物品；而日本人的手表则使其回归计时工具了。苹果的 Applewatch 则已经不再仅是时间管理工具，而成为人进行自我管理的工具。

行业的价值从来不会一成不变。事实上，人类对于相同的事物总是有着不同的看法。比如，对于食物，有人将食物只当成饱腹的东西，是生存必需品，有人则将享受美食当成人生当中最重要的事情，还有人将美食看成最好的社交媒介和工具，所以才有"不要一个人吃饭"这样的观点。今天身处大数据和个性化的时代，我们很容易去思考消费者的

---

① 过渡性客体是第一个"非我"所有物，最早出现在孩童的玩耍中，也是艺术经验的前导指标，它不是母亲所给予的，因为过渡性客体是儿童自己发现或创造的。它甚至比母亲重要，是儿童"几乎无法切割的一部分"，常见的代表过渡性客体的物品有毯子、旧衣服、柔软的玩偶，或是牙牙学语、不断重复的动作等。

"个性化"，但我们不能不承认，人类有着相同的情感来源。这也正是《隐喻营销：洞察消费者真正需求的 7 大关键》当中所强调的观点："过分强调差异化使我们被表面的问题分散了注意力，以至于使我们忽略了对真正驱动消费者行为的要素的观察。聚焦于相似性，迫使我们去分析那些用来区分差异的共性方面。"①

所以，行业分析的最主要的目的便是去思考、观察消费者作为一个群体对行业的共性和个性如何思考。当我们观察到消费者对同一事物或同一话题的不同思考视角和不同侧面时，我们也将发现品牌的真正价值机会所在。

第二节　知己知彼　百战不殆

在传统的商业社会中，经常会有人谈论企业该以竞争者为导向，还是该以消费者为导向。前者很好理解，只要打倒竞争对手，"地盘"自然就是你的。而后种观点则认为，只是紧盯竞争对手，会让企业错失很多新的价值机会，而这些价值机会无疑是由消费者的新需求带来的。就如联想，一个很重要的问题就是太过于强调竞争导向和份额导向，最后发现对手已经不是戴尔了。今天的很多创业项目强调以消费者的需求为核心，采取设计思维，开发全新的不同的细分市场。因为经过 30 年的发展，在传统的竞争领域胜败几乎已分，格局也已定，而后来者，要想再打败前期成功者，确实很难。正如《孙子兵法》所说："故用兵之法，十则围之，五则攻之，倍则分之；敌则能战之，少则能守之，不若则能避之。"对于今天的企业来说，要想在竞争对手有明显优势的领域

① 〔美〕杰拉尔德·萨尔特曼、林赛·萨尔特曼：《隐喻营销：洞察消费者真正需求的 7 大关键》，郦嘉图译，浙江人民出版社，2014，第 9 页。

获得市场份额，无疑需要面对投入巨大而收益不大的局面。所以，企业在创建品牌的过程中，一定要明白如何找到和竞争对手不一样的价值。

一 要么发现细分市场价值，要么站到竞争对手对立面

竞争从来不是目的，正如《孙子兵法》所强调的不战而胜。当然，你可以选择做得比竞争对手更好，但这往往导致两点：一是消费者享受适应征；二是产品过度分化，最终无意义。当然还有一点，"做得比竞争对手更好"这本身就很难。因为竞争对手既然比你在当前做得好，一定有其优势，并且竞争对手还在进步，甚至以其当前的优势，其前进的步伐会更快。陈春花教授在《做好现在，未来不远》的演讲中指出："一定要离开竞争，竞争不会帮你做任何事情；也不要去考虑垄断，垄断没有可持续性。"这句话的潜台词是，企业要找到自己独特的、能提供给消费者的价值，要和竞争对手区分开来。在中国的成熟行业，我们几乎经常可以发现，一个行业内的几大品牌最后都不是在一条路上厮杀到底。通俗点说，在一个江湖里，一定有东邪西毒南帝北丐中神通，但不会有两个东邪。最后能在一个行业里存续下来的品牌，都有自己独特的价值定位和商业模式。

以管道行业为例，国内几大管道品牌几乎都有自己的独特价值定位。以工程为主的联塑，以低价高知名度为竞争优势，毛利率低，以货款的时间收益为利润来源之一。日丰凭借高知名度以及稳定忠诚的经销商渠道，在零售市场始终占有一席之地。而伟星，则凭借星管家服务抢占高端市场。而天力，则着力培养自己在家装公司领域的优势。各方面表现平庸的金牛也在湖北等地占有主场优势，从而在市场上拥有一席之地。

如何做到和竞争对手不同？两种方式：一种是发现新的细分市场价值；另一种是站到竞争对手的对立面。

不管是推动细分市场，还是创建新品类，其本质都是发现新价值所在。其中，至少有两种不同的策略。一种策略是针对更细分人群，去开

创新的价值。我们可以看到，特别是在大互联的"无界"时代，以往在线下无法生存的"小众品牌"却能在线上找到自己的一片天地。今天我们去看淘宝上的女装品牌，能发现做得成熟的往往是在风格上极为细分的品牌。包括今天的很多服装品牌，在定位上都是极为细分的。这也正是"小而美"品牌的价值。另一种策略则是针对同样的人群，去开创新的价值。

当你面对行业内一个强大的竞争对手时，也许最有效的策略就是直接站到其对立面。人类是一种很矛盾的动物。正如叔本华所说，人生是一团欲望，欲望得不到满足就痛苦，得到满足就无聊，人生就是在痛苦和无聊间摇摆。在《很久很久以前：以神话原型打造深植人心的品牌》一书中，玛格丽特·马克等将人的动机研究浓缩成两道轴上的四大人性动机："归属/人际 vs 独立/自我实现，稳定/控制 vs 冒险/征服"，① 人总是充满着矛盾，既想独立自主、凸显个性，又想归属群体。而在中国哲学中，更有"祸兮福所倚，福兮祸之所伏"的观点。很多时候，一个品牌的竞争优势也会是其弱点，将对手的优点变成缺点，并以此建立起企业的能力优势，就有可能找到一条有效的差异化路径。

当然，在品牌创建过程中，有时候，只需要在文化的层面站在竞争对手的对立面即可，比如可乐的经典之战。百事以"新生代"对战可口可乐。20 世纪 60 年代，美国的汽车市场是大型车的天下，大众的甲壳虫刚进入美国市场时，根本没有市场。著名广告人伯恩巴克提出了"Think small"的主张，改变了美国人对甲壳虫的印象。我们可以来看看伯恩巴克的广告文案。

广告一："想想还是小的好"

我们的小轿车并没有多少新奇之处。一二十个学生恐怕挤不

---

① 〔美〕玛格丽特·马克·卡罗·S. 皮尔森：《很久很久以前：以神话原型打造深植人心的品牌》，许晋福等译，汕头大学出版社，2003，第 3 页。

下。加油站的那伙计也不想搭理它。对于它的外形，也没有人拿正眼瞧它一下。事实上，连驾驶我们这种廉价小轿车的人们也没有仔细想过：一加仑汽油可行驶 27 公里。五品脱的汽油顶得上五夸脱。从来不需要防冻剂。一副轮胎可以行驶 40000 公里。我们为你精打细算，你也觉得习以为常，这便是你根本没去想它的原因。只有当你能在那狭小的停车点泊车时，当你去更换那小面值的保险卡时，当你去支付那小数额的维修费时，当你开着这金龟车去以旧换新时。

广告二："送葬队伍"

我——麦克斯韦尔"花，花，花"，我什么也"不给，不给，不给"；我其他的朋友和亲属从未理解 1 美元的价值，我留给他们 1 美元；最后是我的侄子哈罗德，他常说"省一分钱等于挣一分钱"，还说"哇，麦克斯韦尔叔叔，买一辆甲壳虫车肯定很划算"。我呀，决定把我所有的 1000 亿美元财产都留给他！

再来看凉茶领域的竞争。不得不说，不管是先前的和其正，还是后来的王老吉，都没有真正撼动加多宝的领先地位。和其正的"瓶装更尽兴"始终未能形成有效诉求。而王老吉在和加多宝的官司之后，还是选择延续加多宝旧有的价值体系，无论是包装，还是卖点都和加多宝越来越像。最终两者拼的，仍只是渠道上的控制优势，而未能在品牌也就是顾客价值上做出真正的差异化。

三 精准分析你的竞争对手，像剖析自己一样分析他

要找到品牌的价值定位，首先必须对竞争对手进行有效的分析，要像分析自己的品牌资产优势一样去分析竞争对手。其中，以下三点显得尤为重要和关键。

第一，关注竞争对手的层次，找到自己的竞争对手。结合行业分析，找到行业竞争中的不同层次。这样，企业才能清晰地知道，自己将要参与的竞争领域在哪儿、自己的竞争对手是谁。

第二，不只是弄明白竞争对手的价值主张，更重要的是分析竞争对手的价值结构。在分析竞争对手时，很重要的一点，当然是要分析竞争对手的价值主张；但更重要的是，要思考清楚竞争对手的价值结构网。

第三，再细化一些，对竞争对手的所有体验触点进行分析。国内某著名的家电品牌，要打造一个 O2O 的线上线下家电服务品牌。在对竞争对手进行研究后，我们以三个竞争对手为体验对象，提炼出家电清洁服务中影响用户体验的 36 个触点，详细绘制了体验报告。其中超过喜悦值的点表示用户的满意点，介于舒服与喜悦之间的表示比较满意但仍有不足的点，低于一般的则表示用户的痛点（如图 4 - 1 所示）。

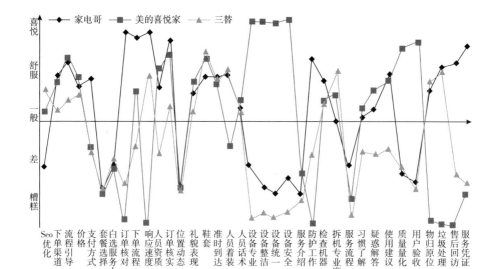

图 4 - 1   家电清洁服务中影响用户体验的触点

未来的品牌将更多地依托体验创建，对于品牌而言，明白竞争对手的体验点是挖掘自己价值的必要一步。

四 互联网时代，竞争的认知战是从隐忍走向互撕的一场秀

尽管从战略层面，我们需要找到一条超越竞争之道，超越竞争对手；但是从战术层面看，竞争对手有些时候却是最好的陪练和战友。商场如战场，比拼和争夺的是消费者的认知。在认知上，消费者永远需要一个锚点和比较的对象，在某些时候，企业仍然会在战术层面遭遇针锋相对的刺刀战。而此时，企业就必须明白自己的市场地位以及如何打赢认知战。

九阳和美的曾在豆浆机领域捉对厮杀。作为豆浆机的开创者，九阳一度占领市场先机，取得了近80%的市场份额。三聚氰胺事件给了豆浆机行业巨大的市场机会。美的也全力杀进豆浆机行业。当然，美的并没有完全模仿九阳，而是在产品上进行了改进，并在广告中强调豆浆机升级了，明确提出了价值主张：不用泡豆，清洗更方便，不锈钢机身。面对美的的挑战，九阳开始陷入和美的的公关战中，去讨论泡豆更营养。在某种意义上，这带动了大众对美的价值主张的认知。而后，九阳回过身来，开始在广告中强调九阳的市场领导者以及豆浆机发明者地位。认知战，从来都是营销当中最为重要的战争之一。

娃哈哈和农夫山泉作为行业里的两大品牌在单品领域也不断展开直接竞争。水溶C100和HELLO C之间的竞争堪称一场经典的认知战。2008年夏，农夫山泉推出了一款全新的饮料水溶C100。最初农夫山泉对这款高价产品并没有投入太多资源，而是采取了饥饿式的营销策略，不靠广告靠口碑。结果市场给了农夫山泉一个惊喜，消费者对这款包装新颖、口味独特的产品接受度颇高。其"柠檬从来不是用来吃的"以及"五个半柠檬"的广告语，在笔者看来，可算中国广告业的范本式广告。2008年年底，娃哈哈推出了HELLO C，伴随铺天盖地的电视广告和春晚的植入式广告，人们惊奇地发现：饮料也有了"山寨版"。其实，娃哈哈此次并不是一个单纯的模仿者，而是以挑战者的姿态进入市

场的：提出"添加蜂蜜"，并且新开发了西柚口味。事实上，水溶 C100 上市以来口味一直偏酸，HELLO C 自然是想在口味上改变竞争点。面对这一挑战，水溶 C100 则是直接在超市的堆头上打出"真正的柠檬汁是白色的"这一针锋相对的文案。随后，更多的跟进者开始进入市场，到 2009 年春夏之交，竞争变得更加激烈。汇源果汁推出了"柠檬 ME"，在包装上采用了模仿追随策略，但强调其拥有 15% 的果汁含量，也就是"更多果汁，更多 VC，更多 Sweet"。天喔茶庄推出了"C 满全能"，价格更低，在广告中同样强调其含有更多的"维生素 C"。一些大型超市也推出了自有品牌的同类饮料，以期从这一利润丰厚的品类中分一杯羹。到了 2009 年 5 月，市场上开始出现了水溶 C100 的西柚产品，同样的包装里白色的液体换成了淡粉色，水溶 C100 扩充了产品线。随着这一产品的推出，水溶 C100 品牌形象从领先者暂时成为领先者与追随者混合的形象，因为第一个推出西柚产品的是娃哈哈的 HELLO C，农夫山泉最终选择了"你能山寨我，我也能山寨你"的以眼还眼策略。而娃哈哈的 HELLO C 也部分调整了其广告策略，在广告中加入了"犹如现榨"的诉求。事实上，在笔者看来，水溶 C100 一直卖的应该是"柠檬"而非维生素 C，可惜，HELLO C 却将竞争导向了维生素 C。直到 2015 年夏，三得利的"沁柠水"以"淡柠檬水"的口味出现在市场上，并且获得佳绩时，我们才更加意识到，卖点是"柠檬"而不是维生素 C。

如果说之前的认知竞争还是处于一种隐忍或是含蓄的状态，在互联网时代，直接找人开撕已经成为企业广告宣传中的一种有效手段。甚至有人认为，这就是一种互联网思维。比如"卡慢丑，小米造"，"去哪里不重要，重要的是去啊"。更有引起全民抗议的神州专车的一组"Beat U 我怕黑专车"的海报在微博、微信等社交媒体渠道广泛传播，内容直指竞争对手 Uber。

究其原因，一方面在于，在互联网时代，公开对战，最易引来群众

"围观"，就像在大街上吵架比协商和冷战更容易引来围观一样。互联网上需要这样的爆点。另一方面在于，互联网很多都是新兴行业，作为新兴行业，最重要的是大家联手把行业影响力做大。所以不少"互撕"大战其实是有意为之，甚至有人调侃，没人打架就自己找人和自己打。未来，互联网上的"撕"也将成为企业的一种常见的营销手段。

但是，撕也还是要讲究策略的。撕的对象以及撕的策略都相当有技巧性。一方面，在对象上，对于小企业而言，傍大款确实是一个不错的策略，前者有蒙牛提出的"做内蒙古第二的乳业品牌"，或是选择行业公敌，另一方面，在舆论上人们乐于看到更为幽默、更为智慧的对战，而不是直接的、简单粗暴地对骂或者诋毁对手。

第三节 消费者：从靶子到价值共建

在和人探讨品牌的过程中，经常聊到一个话题："品牌到底是谁的？"一般观点有两种：一种认为品牌是消费者的，因为品牌是存在于消费者脑海中的一种价值和资产；另一种认为品牌是企业家的，因为最终，什么样的企业家就会创造出什么样的品牌。事实上，品牌创建的过程，应该是一个企业家和消费者之间寻求价值共鸣的过程。但是，在最早的传播学当中，人们对消费者的态度并不是如此。

一 品牌关系：从靶子到价值共建

在美国早期对受传者的研究中，有一种理论叫"靶子论"，又叫"魔弹论""子弹论""皮下注射论"，是效果阶段的代表性理论。其基本思想是：大众传播具有强大的传播效果，其情形犹如子弹（大众传播媒介的信息）射向坐以待毙的靶子（受众），在传播过程中，受众完全处于消极、被动的地位，而传播媒介具有非常巨大的、不可抗拒的力量，可以把各种思想、感情、知识或者动机从一个人的头脑中几乎不知不觉地注入另一个人的头脑里去。所谓"谎言重复千遍就是真理"，就是这种理论在宣传中的应用。相应的，在品牌创建过程中，在早期，人们也认为消费者只是个"靶子"，企业只要把自己的价值主张不断地重复灌输给消费者，消费者最终会选购企业的商品。这也可以看成品牌传播领域对企业和消费者之间关系的最早的认识。但随着对品牌和消费者之间关系研究的不断深化，人们开始意识到关系价值的重要性，不论是对企业还是对消费者而言。对企业来说，当它和消费者建立起一种强大的关系时，企业可以获得相对更高的溢价以及更稳定的回报。同时，消费者也需要这种在关系中存续的信任感。

和营销多半直接对销售额、利润额负责不同的是，品牌更多的是对企业和客户之间的关系负责。如果按照和客户之间的关系从强到弱划分品牌层次，其大致可以分为以下几个层级，而这几个层级，又大致对应着消费者对品牌的认知、行为和态度三个维度。

（1）品牌知名度：品牌知名度也即消费者"听说"过没有。在对品牌知名度的测量中，一般又会涉及"品牌无提示提及""品牌有提示提及""品牌第一提及率"几个量化指标。"品牌第一提及率"指的是当说到某个品类时，消费者能第一个说出该品牌名。"品牌无提示提及"指的是当说到某个品类时，消费者能说出这个品牌名。在品牌创建中，我们经常会说，品牌创建的目标之一就是要让品牌放入消费者原本要购买的品牌清单内，也指的就是品牌要有一定的"无提示提及率"。"品牌有提示提及率"则是指当说某一品类时，消费者不会主动说出品牌名，但当问到有没有听过时，消费者会表示听过。

（2）品牌认知度：品牌认知度是指消费者不仅听过该品牌名，还能说出该品牌的一些价值主张，或者对该品牌的一些"认知"。这些

"认知"很多时候是企业刻意植入消费者脑海中的。在电影《盗梦空间》中，主角们的任务就是把一个想法（概念）即"放弃继承父亲的遗产，自主创业"植入费舍的脑海中。其实这跟企业干的活一样。品牌创建也需要将一个"认知"植入消费者的脑海中，这个概念可以是比较实际的，比如"某某品牌是一个很值得信赖的品牌"，也可以是一种感觉，比如"某某很时尚"。值得注意的是，在一次品牌活动中，最好只放一个认知，而且这个认知越清晰越细化越有助于植入。但根据多年的咨询经验，笔者认为，企业在品牌传播活动中，往往会忽略清晰的认知或者有时候想要植入的认知太多。

（3）品牌联想：我们可以把品牌联想看成品牌认知的升华。我们经常说品牌是一种文化，这种文化的形成是由不同的"作者"书写的，而主要的"作者"有四个：企业、媒体（流行文化）、消费者以及影响者。这些"作者"不断地在创造和传播着和品牌相关的一些"故事"和"图像"，这些品牌故事和图像有情节和人物，依靠大量比喻等来沟通和刺激我们的想象力。而品牌联想便是这些故事、图像的残留。我们可能会忘掉一个产品故事的细节，但最后我们会记住某些特殊的品牌属性或视觉特征，比如"产品耐摔""老板是完美主义""服务很变态"等。

（4）品牌购买：品牌知名度、品牌认知度、品牌联想都属于品牌认知的范畴，而品牌购买和品牌忠诚度（重复购买）则属于行为层面。品牌购买自然很好理解，也就是消费者是否会购买某一品牌的产品。很多时候，品牌购买会成为品牌最为重要的一个维度。如果一个品牌有很高的认知度或喜爱度，最后却没人购买，说明也许是品牌的目标人群出现了问题，或者是品牌的营销比如定价或渠道出了问题。

（5）品牌忠诚度（重复购买）：和品牌购买一脉相承的是品牌的忠诚度。虽然品牌忠诚度这个概念目前一再受到挑战，但不得不承认，很多人会重复地进行品牌产品的购买。某些时候是出于习惯，某些时候是出于喜爱。事实上，很多人认为，"当你的产品成为顾客无意识的、习惯性的选择时，你就成功了"。① 这种习惯思维往往是从因果关系以及奖励和重复购买中培养出来的。很多品牌，特别是一些低关注度的产品，往往会通过促销等奖励，让顾客形成习惯性购买。当然，有时候，消费者的重复购买确实来自对品牌的喜爱。而这时，品牌和消费者的关系自然向前迈进了一大步。

（6）品牌粉丝（品牌喜爱度）：当有一天，消费者说，我喜欢这个品牌，那你和消费者的关系无疑又往前迈了一大步。今天，我们把这个消费群体称为"品牌粉丝"。品牌粉丝往往会重复购买品牌产品，会向他人推荐品牌产品，也会主动地和企业进行互动，提一些建议，甚至参与到产品的设计和开发中来。如何让你的品牌受欢迎？在《顾客为什么"粉"你：驱动顾客极度狂热的五大策略》一书中珍妮·布利斯提出了五大策略：受欢迎的公司决定相信别人；受欢迎的公司通过明确的宗旨来做事；受欢迎的公司决定做真实的自己；受欢迎的公司决定为顾客提供支持；受欢迎的公司决定在出现问题时道歉。②

（7）品牌信仰：如果能在品牌粉丝的基础上，将品牌关系再往前推进一步，那就往往类似于"宗教式品牌"了。在共同价值观和理念的基础上，粉丝们牢牢信仰品牌的价值观，并且会主动地对"敌人"发起攻击。当然，一些品牌的忠诚粉丝亦会如此。但笔者想强调的是，品牌信仰最大的吸引力来自其"价值观"。

（8）品牌价值共建：大互联时代给了品牌一个机会，消费者不再是你给他什么产品，他就接受或者抛弃什么，而是参与品牌的设计开发、概念创意，甚至是产品销售。今天的众包、众筹让品牌进入了一个

---

① 〔美〕尼尔·马丁：《习惯的陷阱》，高彩霞译，中国人民大学出版社，2011，第9页。

② 〔美〕珍妮·布利斯：《顾客为什么"粉"你：驱动顾客极度狂热的五大策略》，杨洋译，当代世界出版社，2013，第7页。

新的阶段，而这个阶段，甚至也意味着企业性质的改变。到这时候，品牌几乎完完全全属于消费者了。他们既是价值的提供者，也是价值的消费者。

以上品牌关系层次，由浅至深，一般来说，越到后面，则越说明品牌资产的强大。同时，这些层次也是衡量品牌现状的重要方法。

二 消费者细分的四种方法

小米的成功已经不需要更多的阐述，但有一点原因往往被人忽略，那就是小米对目标人群的精准把握。在商业模式以及企业略的思考中，"目标人群"为第一要务。同样，在品牌创建过程中，我们也需要问五个基本问题：

- 谁是消费者？他们有什么共同特点？（是否有几类目标消费者？）
- 什么促使他们进行购买？（影响消费者购买的因素有哪些？）他们如何考虑或者感受一般性的商品？他们如何考虑该产品和其竞争对手的产品的区别？
- 他们如何使用产品？在哪里？什么时候？
- 他们在一种产品中寻找什么？他们的需求、愿望、问题和兴趣是什么？
- 他们如何看待生活？他们的价值观是什么？他们喜欢什么？他们如何按常规生活？产品如何适应他们的生活？他们如何被其他人影响？

这五个基本问题，其核心在于一个问题：你的消费者是谁？或者再通俗一点，你是如何进行市场细分的？下面是今天我们要探讨的市场细分的四大方法。

第一，基于人口社会经济地理的细分。这是最早的也是最为传统的市场细分的方法，多基于人口统计数据和维度展开。比如，国家、地区、城市、农村、周边辐射圈（开车距离）、年龄、性别、职业、收入、教育、家庭人口、家庭类型、家庭生命周期、民族、社会阶层等。传统的基于人口社会经济地理的细分有其优势和劣势。其优势在于针对各个群体的大画面基本成形，而且简单易用，劣势在于无法指导企业实际的营销对策及行为。

第二，基于行为消费细分标准。越来越多的企业开始将眼光瞄准消费者的行为细分，行为能更为精准地描绘出人群特征，而互联网和移动互联网下的大数据给了"行为"细分一个可能的基础。而行为其实又包括直接的购买行为、产品使用行为、媒体使用行为。而在购买行为方面，又可以按照消费频率、消费金额、消费忠诚度、消费场景进行细分。

第三，基于个性心理动机态度的细分标准。近年来，有关选择机制的研究越来越多。人们开始重视探究行为背后的动机。因为即便是相同职业、相同收入、相同年龄的人仍可能做出完全不一样的选择，其根源就在于人们的深层次的动机、个性和态度的差异。比如，在《选择：为什么有人我行我素，有人从善如流》中，作者提出了在生活中影响人们的所有选择、构成人们的心智习惯的六种心智要素：时间、风险、利他主义、信息、跟风、黏性。[①] 所以，行为背后的个性、心理、态度的细分往往会让品牌对目标群体有更深入的研究。基于个性、心理、动机、态度的细分，可以按照消费者的个性、选择机制、购买动机、对商品价格反应的灵敏程度以及对企业促销活动的反应程度等进行。

第四，基于社会潮流和亚文化的细分。近年来，中国市场上一直存在着美国文化、欧洲文化、日本文化和韩国文化的影响。比如，名创优品便是将日本文化嫁接到传统的连锁日用品行业；而在中国化妆品行业

---

① 〔美〕斯科特·德·马尔奇、詹姆斯·T. 汉密尔顿：《选择：为什么有人我行我素，有人从善如流》，赵恒译，中信出版社，2010，第 26 页。

中，也到处可见韩国文化的影响。另外，随着一些亚文化价值观的进入中国，比如"乐活族""nono 族""宅御族"等的流行，很多品牌也开始主打更为细分的价值主张。

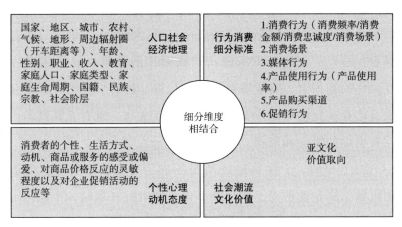

图 4 - 2　消费者细分的四大维度

当然，在实际应用中，需要根据企业的营销目标和需求，将几种细分方式进行交叉分析。

值得注意的是，在大数据和移动互联网时代，消费者的细分更呈现以下几个特点。

（1）市场越分越细。在大数据和移动互联网时代，市场细分是越来越细了。互联网的"无界"和"长尾"性，使得一些原本非常小众和细分的群体也能够支撑起一个品牌，甚至这样的品牌黏性和忠诚度更强。

（2）打破地域特征，转向心理行为甚至价值观（社群）特征。在以往的市场中，往往存在市场的延后及推导效应。比如说，大城市的东西，不再流行后，却在二三线城市开始兴起，等到二三线城市不再流行时，再开始在县镇兴起。但互联网让"地域"特征变得不再重要，心理行为甚至价值观的细分维度则越来越重要。

（3）某些细分特征越来越重要。比如，场景细分和职业细分。什么是场景？传统营销其实也考虑消费场景。比如，加多宝当年广告的成功就在于明确指出了消费加多宝的三个场景：吃火锅、吃零食、吃烧烤。雀巢咖啡的营销战略之一也是不断扩展新的消费场景。在移动互联时代，场景成为一个重要的商业入口。场景代表着消费者当下最切实的需求所在。而移动互联网则让消费者一旦有了需求，立即可以通过手机得到满足。所以，正如吴声所说："找到你的场景，就能建设你的人群。找到你的拥护者，就能够建设你的社群。拥有自己的社群主张，就有形成自己亚文化的可能。有自己独特的亚文化，就有互联网的内容能力，就有引爆的机会和资格。"①

（4）分到极致，个性化定制及服务成为可能。事实上，当市场细分分到极致，当企业可以了解每个个体消费者的需求时，个性化定制就成为一种可能甚至是趋势。但是在做个性化定制时，成本与效率的考虑却是一种必然。所以，目前多数做个性化定制较为成功的企业，仍是以一种更多标准化的方式在做个性化定制。

（5）营销要求考虑更多的维度。当前的营销行为已经很难只通过一种市场细分维度来分析，这就要求企业将几类市场细分的维度结合起来考虑。

（6）细分本身成为一种创意。据粗略统计，现在已经有1000多种市场细分方法。从某种意义上讲，当人们发现一种细分方式时，通常也代表着企业的一种对消费需求的更深刻的洞察。

三　从市场细分到社群

从企业的角度来考虑，市场是可以细分的。但是该如何将原先分散在各个地方的消费者聚拢成一个社群，从而更好地发挥消费者自身的作用，以便更高效地实现和消费者的沟通呢？

---

① 吴声：《场景革命：重构人与商业的连接》，机械工业出版社，2015，第57页。

　　为什么是社群？在互联网出现之前，营销的重点是千千万万个坐在电视机前接受品牌信息的个体，还有一些在网站上看横幅广告的人。如果企业的宣传能力不错，可能能让一部分人对广告有所反应，甚至，能让更多人响应并讨论起来。但一直以来，这种营销模式都像是企业的独白。而到了数字时代，消费者之间，因兴趣追求、价值认同、情感交流聚集在一起，并且依托线上线下进行关联互动，连接力更强，黏合性也更高，而企业的营销对象也便成了一个个社群。这对品牌和顾客的反应意味着什么？正如 DDB 总裁查克·布莱默在其著作《互联网营销的本质：点亮社群》中所强调的，第一，它会为企业带来巨大的杠杆效应；第二，它会改变品牌的经营方式；第三，也是最重要的，它会拆除那堵竖立在企业品牌和营销之间的高墙。① 著名营销学者菲利浦·科特勒也指出，"趣缘群体"是未来经济成长的重要驱动力。

　　但什么是社群？按照勒维的观点，每个人心中都有原始的部落情结，"一个成功的营销必须迎合我们心灵深处那种原始的部落情结"。目前中国大部分微信群都是"僵尸群"。除了发发广告，偶尔有人发个红包时蹦出些人来之外，很多时候都是一片死寂。这样的群并不叫社群。在李善友看来，一个成功的社群必然呈现直观的三大特征：第一，它本质上是聚集于某个心灵次元的意识群体；第二，它在现实物质效应上会表现出一种"非线性成长"；第三，它必然具有高概念与高感性的文艺模块。② 按照李善友对社群特征的描述，大多数人的手机上的以推销产品为主、建立人脉为辅的"群"并不能称社群，社群是基于心灵、价值观和兴趣爱好层面的，而不是以商业为直接目的的。所以，生活在同一个社区的人不一定是一个"社群"，但是豆瓣上的"我们都是东爱

---

① 〔美〕查克·布莱默：《互联网营销的本质：点亮社群》，曾虎翼译，东方出版社，2010，第 3 页。

② 徐远重主编《社群经济：移动互联网时代的生存哲学》，中信出版集团，2015，第 59 页。

迷"之类的群体则属同一个社群。同一个工作单位的同事，不能称为一个社群。将自己的朋友关系复制到网络上后形成的不一定是社群，但与一些从未见过面的人却可以组成一个社群。社群不同于社交。原豆瓣网产品经理、现豌豆荚产品设计师彭任飞也提到了社群的三个典型特征：第一，有稳定的群体结构和较一致的群体意识；第二，成员有一致的行为规范和持续互动关系；第三，成员间分工协作，具有一致行动的能力。① 可以说，彭任飞对社群的运营有了更深的思考。建个群很容易，但要把一个"群"变成一个"社群"就很难。在他看来，一个社群的结构至少应该包括群体凝聚力、群体规范、群体规模、群体领袖、群体决策。可以说，任何一个社群的人或者企业都要去思考群体的凝聚力来自哪里，如何去建立起群体的规范，如何在保证一定群体规模的同时能让社群有较活跃的参与度和运营力等问题。

今天，有不少企业已经开始改变。比如，开始建立起自己的公众号或是建起某个群。但是，问题往往显而易见。第一，着急推销产品，而不是用兴趣和价值观来黏合。第二，把社群变成企业内刊的发布平台。第三，未真正了解消费者的需求和生活，从而难以在内容上进行拓展和延伸。未来的品牌都应该有自己的"社群"，企业参与运营这个圈子，里面都是真正专业并且对产品有兴趣的人。事实上，不少淘宝品牌已经开始走出这一步，不再依靠流量，而是以客户关系管理来积极地维系粉丝聚合度。而此时，已经不再有所谓线上线下的区别，或者 PC 端和移动端的区别，而是以品牌为核心，以产品和兴趣为中心，整合线上线下，通过 PC 端和移动端的多触点来共同构建社群。这时，"渠道"导向开始转向"客户"导向。从某种意义上讲，这些企业到这一步才算真正开始了品牌化运作。

---

① 徐远重主编《社群经济：移动互联网时代的生存哲学》，中信出版集团，2015，第 72 页。

第五章 **实现品牌价值的基本意识**

重回本质
品牌的价值思考

企业需要具备的不仅仅是对价值机会的把握能力，更重要的是价值实现能力。但是，一个企业如何才能具备价值实现的能力？能力的高低之分又体现在哪里？

在服务客户的过程中，笔者始终在思考一个问题：为什么有些企业的品牌创建相对简单，而有些企业在品牌创建过程中却遭遇重重困难？特别是在中国大部分企业并不明白品牌是什么，却都口口声声说要做品牌的时候，如何去判断一个企业有没有能力创建品牌？

人人都想成功，可惜这世上成功的人永远是少数；大部分企业都想做品牌，同样可惜的是，大部分企业是做不成品牌的。优秀的人都有一些共同的特质，比如，比尔·盖茨就认为出色的人才具有十大特征：①寻根问底的好奇心；②传道般的狂热与理性的态度；③思索，并不断寻求新的满足顾客需求的方法；④能够自律和制定卓有成效的长远规划；⑤具备发展需要的专业知识与技能；⑥充分利用一切使自己出色的机会；⑦熟知并迎合企业的动作模式；⑧对竞争者了如指掌，并从其身上获益；⑨富有创新思维；⑩不可或缺的职业道德。

事实上，我们也观察到一些优秀企业的共同特征，比如有创新精神、战略方向明确、运作高效等。但是，优秀的企业和能做品牌的企业之间不一定能画等号。一个优秀的企业不一定具有高超的做品牌的能力，但能做成品牌的企业一定是个优秀的企业。笔者认为，在做品牌的过程中，成功企业有一些共同的基本素质和能力。主要包括以下五点：

（1）企业对产品质量的正确理解；

（2）创始人的价值观；

（3）企业具有客户导向；

（4）企业上下有共识、采取统一的行动；

（5）具有横跨企业和市场的掌控力。

第一节 品牌价值视野下的企业 "质量"意识

质量是品牌的基础，没有质量就没有品牌。但是，"质量"本身是一个很难量化的词。"质量好"和"质量不好"的标准对不同行业甚至不同企业来说也是不一样的。对企业而言，"花多大的代价使质量达到一个什么样的标准"是一个值得思考的问题。质量不好，影响产品的销售，自然也影响品牌；但质量做得太好，消费者就一定喜欢吗？很多消费者抱怨衣服和鞋子的质量太好，穿不烂。同时，质量做得太好，对于企业而言，成本就一定会提高，企业是否能承受这种成本？而消费者是否又愿意为增加的成本埋单呢？

今天，大家都喜欢讲极致产品，但事实上，不存在极致产品，只有有效的平衡和妥协。比如个性化定制的 T 恤，追求了图案的个性化，但往往要牺牲对款式的考虑，而如果款式和图案都要定制，可能又会失去价格优势。再比如，唧唧复唧唧男士内裤，采用了非常利索的随心裁方式，这种随心裁方式的好处之一是没有包边，因为再精致的包边也没有完全没包边舒服。但随心裁的缺点之一是有出现毛边的风险。于是，他们的面料采用了更高成本的布料和更高品质的弹性氨纶，但随之而来的是成本和价格的上升。正如他们自己在文案中所说：在成熟技术和有风险的工艺之间，在舒适和小缺陷之间，极致不难，平衡难。

一个企业，身处不同的行业，有不同的的价值追求，也有不一样的平衡之处，需要在此基础上思考品牌和质量的关系。

第一种类型：质量绝不能出问题，这是品牌的前提

对一些行业的企业来说，质量是绝对不能出问题的。一旦出现质量问题，将严重影响品牌形象，甚至导致品牌消失。最典型的行业就是食品行业，而最典型的案例正是随着三聚氰胺事件而消失的"三鹿"。对于食品来说，质量就相当于"安全"。在食品添加剂泛滥的时代，质量安全问题已成为悬在食品品牌头上的一把达摩克利斯之剑。

当然，并不是所有的食品企业在遭遇类似的食品安全问题时都会遭受灭顶之灾。在肯德基的历史中，也多次遭遇食品安全事件。比如，2005 年的"苏丹红"事件，可以说是其进入中国市场以来最大的一次危机了。而肯德基之所以能够闯过这一事件，并且重塑品牌，主要在于以下几点。

第一，和三聚氰胺事件不一样，"苏丹红"本身没有造成大范围的"伤亡"。

第二，肯德基强大的品牌有一定的防御能力。强大的品牌作用往往在此时能凸显出来。如果是换成一个小企业，"苏丹红"带来的也许就是品牌的消失。

第三，最重要的，当然是肯德基在此次事件中表现出来的强大的危机公关能力。面对舆论和消费者的质疑，肯德基本着对消费者负责的姿态，主动发布致歉声明，不掩盖、不逃避、先自查、全透明。同时，追查相关供应商的责任。针对此次产业链条上出现的供应商的管理问题，肯德基随即表示采取三项改进措施：成立现代化的食品安全检测研究中心；要求所有主要供应商添购必要的检测设备；不能坚持食品安全的供应商不能进入供应链。其后，再一次向消费者承诺，保证其最新产品不含苏丹红，并且以大规模的促销活动回报消费者的信任。

第四，消费者在经历过大量的中国食品安全事件后，对食品安全的认知发生变化，很多消费者认为，肯德基再差也比中国的一些食品好。

事实上，中国一部分企业未能建立起肯德基一样强大的品牌美誉度，也未必有肯德基一样强大的危机公关能力。所以，还是不能抱有侥幸心理，死守品质关是创建品牌的第一步。除食品行业之外，只要是涉及人身安全的行业，比如医药包装行业，都必须确保质量，这是最基本的品牌之道。

第二种类型：质量好成为成就品牌的一个卖点

对于很多行业来说，质量不一定要做到最好。但是，如果你能做好、能比竞争对手做到更好，将会给品牌带来强大的美誉度。

比如，德国制造几乎就是"质量好"的代名词。而关于质量成就品牌的故事更是数不胜数。早期的张瑞敏砸冰箱事件，直接砸出了海尔的品牌知名度。杭州武林门广场的"烧皮鞋"事件，使得温州鞋在全国开始以"质量好"著称。而"好空调格力造"也并不是一句单纯的广告语，而是格力近乎不近人情的质量管理所带来的结果。

1995 年，一批格力空调出口意大利，空调安装好准备试机时，一台空调忽然响起"哗哗"的摩擦声。由于当时国外的客户对"中国制造"还有相当的偏见，"中国制造"几乎成了"劣质、低档中国货"的同义词，后果可想而知：客户当场要求退货，并要求格力赔偿一切损失。

格力的创始人朱江洪得知此事后，马上要求技术人员拆开事故机子，检查事故原因。当打开机子时，大家都傻眼了——一块海绵正绞在排气扇上。罪魁祸首居然是一块没有粘紧的海绵！

一块海绵给公司造成几百万元的损失，一块海绵让公司失去了一个大客户。

痛定思痛，1996 年，朱江洪亲自起草了《总经理十二条禁令》，并在公司各分厂严格执行。后来经过格力电器另一位当家人董明珠的补充完善，演变成为今天的《总裁禁令》。

《总裁禁令》对最常见、最容易出现问题的工艺程序做了看似不近人情的规定，对违反操作程序的员工采取最严厉的处罚方式，例如对出现违反充氮焊接工艺、伪造质量记录、擅自减少工序和改变工艺、擅自改变技术参数和工艺参数、将未经检验或检验不合格的零部件转入下道工序、摔打产品或零件、强拉电机或电器导线、违反制冷系统防尘防水操作规范、违反真空氦检工艺、擅自改变调整专用工具及检测仪器、违反海绵粘贴工艺、在工作场地追逐打闹、毛细管补焊、因质量问题威胁监督（检验）人员等行为中任何一条的员工，一律予以辞退或开除。

格力空调自公司成立伊始，就一贯主张"质量是企业的生命，是产品的灵魂"。1993 年，格力空调就专门成立了质量监督小组，由时任总经理的朱江洪亲任组长。格力空调监督小组的任务就是每天到生产线去巡查质量问题，一经发现，不是罚款就是开除，因此当时员工笑称质量监督小组为宪兵队，朱江洪则被称为宪兵队队长。

第三种类型：质量稍差也可以成就品牌

最典型的莫过 ZARA。2011 年，ZARA 口头承认其产品质量确实有问题。事实上，从 2009 年开始，ZARA 就被爆出各类产品质量问题，如 2009 年 12 月，北京消协检测到"ZARA"的一款外套大衣含绒量不合格，标称含 50% 羽绒，实测含绒量只有 40.5%。2010 年 1 月，上海市工商局公布了对上海在售的部分羊绒羊毛制品、儿童服装的质量监测结果，共有 26 批次商品不合格，其中羊绒羊毛制品、儿童服装各 13 个批次不合格，而 ZARA 榜上有名。作为"快时尚"的领军品牌之一，消费者对于 ZARA 的基本评价是：款式确实不错，但是质量不敢恭维。但很多消费者对一件"快时尚"衣服的使用周期并没有抱太大的期望，认为一年也就差不多了。所以，因为有着时尚的款式、相对大牌且更低廉的价格，ZARA 的质量问题也就被消费者忽略了。不过，ZARA 需要注意的是，不能突破消费者对质量的底线要求，"一件衣服，洗一次就报废了"，"穿一周就开线了"，"凉鞋穿一个星期鞋底就断了"……当类似的消费者投诉不断增多的时候，也正是 ZARA 在不断损耗消费者对其的信任，长期下去，品牌势必衰弱。

中国人都很明白"一分钱一分货"的道理。所以，当凡客说其质量和 LV 相差无几时，恐怕没多少人会当真。但是，这并不影响消费者购买凡客。因为在消费者看来，凡客 39 元的 T 恤能穿一个夏天也值了。

要打造品牌，"质量意识"是第一步。如果没有这个最基础的意识，品牌就是没有根基的，一有风吹草动，品牌之塔就将倒下，而这个"质量意识"就在于清楚品牌的定位和消费者的需求，从而有一个较清晰的自我质量标准。既可以是如富士康一样的"99.99"哲学——就是要精确、精确再精确，要像黄金的纯度一样，即使达不到 100%，也要达到 99.99%；也可以像 H&M 一样，被称为"不能下水的一次性衣服"。起决定作用的还是价值。

第二节　创始人的价值观决定了品牌价值

没有乔布斯，就没有苹果。没有特立独行的理查德·布兰森，就不会有庞大的维珍帝国。没有马云，也不会有今天的阿里巴巴。

在咨询业有一句话：咨询说到底是给企业老板的咨询。这也说明了企业领导人对于企业的重要性。从一定意义上讲，企业说到底，是领导人思想和行为的产物。品牌折射着企业领导人的个性、价值观。那些创立了伟大品牌的企业家，其身上除了体现一般企业领导人的特质外，还有一些非常明显的"品牌特征"。

1. 重视价值观

人为什么需要哲学？在西方，哲学一词通常用来说明一个人对生活的某种看法（例如某人的"人生哲学"）和基本原则（例如价值观、思想、行为）。人的一生要面对无数的选择，同一生活情境下，不同人因为价值观的差异会做出不同的行为和选择。同样，对一个企业而言，面对同样的市场、同样的消费者，在相同的环境下，不同的企业会做出不同的选择。而最终决定企业选择的正是领导人的价值观。

正如 TED 的演讲师提出的"黄金圆环"概念：三个同心圆，由内而外，分别是"为什么""怎么做""是什么"。地球上的每个人、每个组织，都明白自己做的是什么；其中一些知道自己该怎么做，你可以称之为你的差异价值、独特工艺或是独特卖点；但是非常非常少的人和组织明白为什么做，比如你的目的是什么？你这样做的原因是什么？你怀着什么样的信念？你的机构为什么而存在？你每天早晨为什么起床？为什么别人要在乎你？……我们思考的方式、行为的方式和交流的方式都是由外而内的，但是激励型领袖以及组织，无论规模大小、在哪个领域，他们思考、行为及交流的方式都是由内而外的。举个例子，如果苹果公司跟其他公司一样，其市场营销信息可能会是这个样子的："我们做最棒的电脑，设计精美、使用简单、界面友好，你想买一台吗？"不怎么样吧？但这就是大部分销售所采用的方式，同时也是我们大部分人相互交流的方式。但是苹果公司实际上的沟通方式是这样的："我们做的每一件事，都是为了突破和创新，我们坚信应该以不同的方式思考，我们挑战现状的方式是把我们的产品设计得十分精美、使用简单和界面友好，我们只是在这个过程中做出了最棒的电脑。想买一台吗？"

可以说，创建了伟大品牌的领导人都有异于一般企业家的价值观，并且在品牌中实践自己的价值观。

2. 都能赋予最普通的产品超常的意义

企业卖的是什么？是一双鞋，一把刀，一杯咖啡，一件衣服……可是，能创建超常品牌的企业家往往并不如此想。正如霍华德·舒尔茨在《一路向前》中所说的："我们为平庸的——一双鞋、一把刀、一杯咖啡——注入新活力，坚信我们所创造的任何东西有装点他人生活的潜力，因为，它先点亮了我们的人生。"[①] 所以，在霍华德·舒尔茨等看来，星巴克售卖的并不是咖啡，甚至也不是体验，而是人与人之间的关系。耐克卖的是鞋吗？不是，是"just do it"的运动精神和不屈不挠的价值观。而361度售卖的是"多一度热爱"。美国著名广告人布鲁斯·班德格曾提出一个著名的"爬楼梯"的思考模式。在他看来，任何一个产品都有不断上升的需求。最低层次的是产品属性，然后是产品特点，再往上是产品利益点，接下来是消费者利益点，最后，所有的产品对消费者的价值都在于被消费者利益点能强化的人性面，而且都是专注于内心的需求。任何一个产品都能找到最终满足消费者内心需求的价值。很多营销往往更多的是停留在前两个层面。但是，能创建伟大品牌的领导人无疑都洞悉了人性的内在面。

价值：被消费者利益点能强化的人性面，有关内心的需求

消费者利益点：产品利益点对消费者产生的正面影响

产品利益点：产品对消费者的好处

产品特点：产品的特征，通常根据设计制造的特点而来

产品属性：产品的属性，通常是产品自身

第三节　真正的客户导向才能创造价值

2009年，淘宝年终大会。黄龙体育中心。

---

① 〔美〕霍华德·舒尔茨、乔安·戈登：《一路向前》，张万伟译，中信出版社，2011，第67页。

当全体人员到齐后，全场所有的灯光突然熄灭。此时，广播里响起了客户投诉的录音。马云以这样的方式，告诉其员工，什么是客户导向。

到底该以消费者导向还是以竞争对手为导向？虽然大多数企业会说，要以消费者为导向，现实中却是，大部分企业仍把"竞争"视为首位。在他们看来，"我把竞争对手都打趴下了，整个市场就是我的"。

客户导向是一种很微妙的意识。笔者之前服务的一个外贸转内销品牌的客户，在品牌建设一段时间后，说了这么一段话："之前，我们做外贸时，是希望产品卖掉后，客户就再也不要来找我们，因为一找我们，就可能是产品质量出了问题。现在做品牌，我们是主动去找客户，去跟客户主动沟通：（您）对我们的产品有什么不满意的地方吗？还有没有什么需要改进的？……"我们的客户终于有了"客户导向意识"。

客户导向意识意味着企业要明白，它的产品都卖给谁了，谁买了后再也不买了，不买的原因是什么；谁在重复购买？客户买后觉得产品好在哪，不好在哪？它意味着企业能真正主动地去思考消费者的需求，在消费者利益和企业利益发生冲突的时候，能舍掉自身利益；意味着不把消费者当白痴，而是真正将消费者当成一个个人来看待、尊重，努力地实现和消费者的沟通，并营造起积极的、健康的关系。客户导向并不意味着需要对客户言听计从，而是同样能认识到消费者在需求认识上的盲点，并积极引导客户走向更好的生活。鸦片能满足需求，但贩卖鸦片的公司是人人痛恨的公司。引导客户需求在未来会越来越凸显，新科技的发展带来的是很多消费者意想不到的产品及生活方式。对消费者需求的引导和开发也就越来越重要。

2010年11月29日《福布斯》推出"最理解消费者的公司"排行榜，其中最理解消费者的五大公司分别是耐克、苹果、星巴克、丰田和谷歌。耐克上榜的理由是"能帮你'从头到脚'打造运动时尚的公司"；苹果能够上榜当然还是"iPhone"，苹果的iPhone已经成为"主要的科技进步"产品，消费者更是认为 iPhone 是智能手机中的代表；星巴克因为是首家以酒店式"Check-in"的方式促进销售的企业，目前在咖啡零售业中仍为消费者心目中的老大；丰田尽管深受"召回门"困扰，但是其 Scion 依然受到消费者的热爱；而谷歌则是凭借谷歌地图，在当地的类似服务中占据主要位置。美国运通公司的一份报告指出，互联网和手机科技在零售行业扮演着越来越重要的角色。上榜的这些企业无疑都跟上了这股潮流。

我们对"理解消费者"的行为的赞赏，就如同我们对"人要诚实"这样的基础伦理行为的赞赏。这正说明，一个企业要真正做到客户导向并不容易，因为要克服人性中的自私、懒惰和愚笨。

第四节　企业上下的统一共识和行动

品牌是一项价值共创过程。强大的品牌意味着提供给消费者独特的价值观。品牌的创建要求企业能在企业、员工、经销商及相关利益者之间传递一种共同的价值，让大家依据一致的标准并采取一致的行动。

服装是最能代表一个人价值观的商品之一。而一个服装品牌能否成功也正在于它所传达的价值观能否到达企业上下。JNBY 创立之初，其老板的想法非常简单，却是真理：我就认为我喜欢这样的衣服，我也相信这世上有其他人跟我一样也会喜欢这种风格的衣服。DGVI 是深圳的一家服装品牌，风格独特，走的是前端的国际潮流路线。DGVI 的主设计师正是老板自己。在创建 DGVI 之时，其想法非常清晰：希望将 DGVI 做成女孩子去酒吧夜场娱乐之地所选的衣服。有意思的是，在对其品牌进行诊断过程中，笔者发现，其公司的导购以及经销商大部分都是平时爱去酒吧的人，这些人认可 DGVI 的风格和理念。"白领"是北京著名的女装品牌之一，而其在服装业创下的纪录在于曾经在商场内卖掉一件标价48万元的衣服，这也一直被服装协会视为中国服装品牌创建的典范。其创始人苗鸿冰曾讲到如何让其设计师能够设计出高端人群的服饰，首要的一条就是要让他们感受这个人群的心态。苗鸿冰在设计师身上最舍得的开销就在于带着设计师出入各类高档场合。在他看来，只有这样，设计师才能真正传达出他想要传递的价值。

其他行业也是一样。来自瑞士的吉博力是欧洲卫浴科技的市场领导者，业务遍布全球。自1874年成立至今，公司始终扮演着业内先驱的角色，以全面的系统解决方案，持续地开创和引领行业的新潮流。吉博力凭借其对技术的执着，在全球同层排水领域占据近80%的市场份额。吉博力在进入中国市场后，同样将对技术的执着延续到其市场操作和推广当中。这从其对经销商的选择中就可看出来：其经销商也多是对技术执着的人。这些经销商大部分来自设计院或者高校。这些人也成为吉博力忠诚的价值传递者。

所以，企业的品牌价值绝不能只停留在企业家自己的头脑中，而是要通过品牌的内部创建，到达企业员工和经销商的脑海。品牌创建也绝不只是广告等对外传播的事情，真正的品牌创建一定离不开品牌内部的理念和外部的行为的一致。

第五节　横跨企业和市场的掌控力

要实现企业上下统一的共识和行动，企业就必须有横跨企业和市场的掌控力。品牌既体现为差异化也体现为统一性。差异化在于和竞争对手相比，而统一性则体现于企业内部以及企业营销体系当中。

而要成功实施品牌战略，企业必须在企业内部以及企业和经销商之间具有一定的掌控力。

一　企业内部的掌控力

一个品牌的诞生涉及产品开发设计、生产、物流、财务、质检、营销、定位、推广、消费者研究等各个方面。打造一个品牌，需要企业的各部门相互配合、协调运作，特别是需要市场部门和生产部门的对接。在一个产品或品牌相对单一的企业，这项工作往往被认为是无论市场部经理还是生产主管、产品开发专员都无法胜任的。这样的公司往往会采用各个部门的负责人联合成立品牌管理小组的方式进行管理，而品牌管理小组的组长必须是企业老总层面的人才行。

而当一个企业采用多品牌制的时候，往往会实施"品牌经理制"。品牌经理制于 1927 年最早出现于美国的宝洁公司。当时，宝洁公司新研制生产出一种名为"佳美"的品牌肥皂。但这种新品牌肥皂的市场销售状况不佳，远没有达到预期。为了改变这一不利的市场销售状况，一位名叫尼尔·麦克罗伊的青年人受命专门管理这一品牌的开发和推销。"一个人负责一个品牌"的构想诞生了。尼尔的工作取得了很大的成功，后来他被任命为总经理。普罗克特—甘布尔公司（即宝洁公司）对尼尔的成功非常重视，随后增设了其他品牌的专门管理人员，品牌经理制也就应运而生了。

品牌经理制的好处是显而易见的。

（1）增强了职能部门围绕品牌的运作协调性，提升了工作效率。各个职能部门总是更容易从自身出发去制订各项工作计划，而品牌的成功需要整体的精心策划。若没有品牌经理，各部门很容易各自为政，也容易相互扯皮、推卸责任。品牌经理可以让各部门明确自己在品牌上的相关责任以及时间计划，并且形成企业上下统一的行动和共识，从而真正发挥出公司整体的力量。

（2）产品的开发将更关注市场需求。传统的销售依照产品开发—

生产—销售的模式进行。而随着市场的发展，竞争加剧，产品同质化不断提升。同时，消费者的需求也在不断分化。品牌经理的一个重要工作就在于对消费者需求进行研究和预测。企业的销售流程也变成了消费者需求的调研—产品开发—生产—销售—消费者反馈这种新的模式。而产品开发的成功率和准确率也无疑提高了。

（3）维持了品牌的长期发展与整体形象。品牌的定位、核心价值观、形象等需要一个稳定的体系，并且坚持下去。个人往往比"集体"拥有更稳定的个性和风格，因而品牌经理制也更能保证执行方面的一致性和连贯性。

对很多企业来说，一个合适的品牌经理很难找，大多数的品牌经理也只能是由总经理兼着，因为这样才能调动起全公司各部门的力量，共同朝着一个目标努力。

二　企业对渠道的掌控力

这里的渠道既可以包括经销商，也包括企业自建的分公司体系。渠道不仅仅是企业的产品流、现金流，也是企业的信息流之一。

对于企业和经销商之间应该是一种什么样的关系，一直以来有两种观点。一种是左派的观点，认为厂家同经销商是买卖关系、贸易关系，因此企业千方百计、花言巧语地让经销商压货；只有在进货或回款时，才能见到企业的销售员。另一种是右派的观点，把经销商当客户，认为经销商与厂家是鱼水关系，把经销商当大哥，鞍前马后地伺候着，并纵容经销商的恶性操作。这两种观点当然都有失偏颇。企业和经销商之间，准确地说，应该是一种"动态互适应关系"。企业可以给经销商让利，教其市场运作的方法、输出品牌价值观，但同时，企业也一定要对经销商的诸如毁坏品牌形象、扰乱市场价格、随意窜货等有损品牌建设的行为进行严格的控制。

中国企业从来不缺少对渠道掌控的意识和方法，但这些方法更偏重于如何防止窜货、如何维持利差、如何追讨回款、如何获取渠道货架空间等有关产品和现金流方面。而品牌方面的掌控不能仅停留在产品和现金方面，还应该侧重于信息方面。如何统一思想和经营意识？如何更好地掌握终端，如何更快更准确地收集消费者的信息？如何对广告、促销、公关等信息进行统一的实施？……这也正是说品牌 VI 的设计并不难，最难的是整个品牌 VI 形象由上至下的统一贯彻实施的原因。

大多数的品牌创建书籍很少探讨企业的品牌创建意识。但根据自身多年的品牌咨询经验，笔者发现，这些"意识"层面的东西，往往对品牌创建更重要。有些企业，只改变了一下自身的某些观点和意识，便让品牌建设大有起色。而且，也只有具备了这些意识，企业也才能更好地认识、重视诸如消费者研究、质量管控、组织能力打造、品牌内部创建等看似不是传统品牌创建的内容，但又往往能决定一个品牌生死的事情。

第六章 **品牌价值定位与创新**

重回本质
品牌的价值思考

　　品牌创建的理论演变从罗瑟·瑞夫斯的 USP 理论到特劳特的定位理论，再到对品牌价值创造的思考，伴随着商业环境的变化和消费者需求的变化。不管是行业分析，还是目标消费者的确认，抑或是品牌内部组织能力的分析思考，所有这一切最后都指向一点：我们的消费者（客户）是谁？我们要为他提供什么样的价值？看似很简单的问题，做起来却总是很难。企业的品牌化运营和非品牌化运营，很大的一个区别便是心中有没有客户意识。

　　在供给大于需求的市场中，人需要什么样的价值，一直是消费者需求研究的一个重要部分，已成为品牌营销乃至商业的最核心的问题。而品牌对价值的研究，也已从消费者价值观的探讨，一直深入到对人类决策机制甚至是选择机制的认知，以及基于消费者的价值观来做好品牌价值的定位或者创新。在《价值革命：重构商业模式的方法论》中，龚焱、郝亚洲提出了"商业模式已死，价值模式永生"这样的观点，在他们看来，价值是一个与生命有关的概念，价值的状况，就是生命的状况；重估一切价值，就是重估我们生命的条件；价值之于商业活动，便是关乎此活动中的一切人的生活状况。[①] 对价值的研究，就是真正回归对人的理解。

　　但一个品牌如何才能在竞争红海当中发现消费者是否还有未被满足的价值？如何给出消费者自身都未想到的价值？这就要求品牌必须思考

---

① 龚焱、郝亚洲：《价值革命：重构商业模式的方法论》，机械工业出版社，2016，自序。

价值的细分、定位选择以及创新问题。

而要解决问题，还是要回到对消费者、竞争对手和自身的思考上来。这三者，便是价值定位的原点。

第一，人类有共性，作为整体的消费者自然也有。比如，想要便宜的好东西、想过舒适的生活、想做家务更方便等。而作为个体的消费者，则会有某个情境下的"痛点"。这些"痛点"或"不适"往往是价值发现的起点。一个新行业，或者社会文化的拐点时期，往往会有一些新的价值机会点。但是，企业是否有足够的洞察力和眼光，能更好、更准确地看出这些趋势和机会，并率先抢占市场，极为重要。

第二，企业永远都必须思考竞争对手。很多时候，能不能生存就在于你能不能比竞争对手更好地提供给消费者更好的价值。此时，竞争对手给客户提供的价值便成为一个"标杆"或者"锚点"。能不能超越它，能不能在竞争对手的基础上更好地发现价值和创造价值，非常关键。

第三，有时候一个品牌可以从"自己"出发，发现自己的痛点，提供满足自己需求的价值，从而影响和自身类似的人。有时候，企业家本身就是一个有着十足个性的人，能更好地引领需求。正如乔布斯从来不问消费者需要什么，而是每天都对着镜子思考"我要什么"。

大多数企业家没有像乔布斯一样的"偏执"人格，能以自我的人格展现来成就品牌的价值输出，那么，就必须对消费者和竞争对手进行深入研究。

第一节　消费者需求决定价值创新的原点

企业给客户提供的通用价值可以有哪些？消费者的价值观是如何影响其自身的价值选择的？消费者是否能非常清晰地明白自己的需求有哪

些？拥有不同人格特质、不同心智模式的消费者是如何做出购买决策的？……这些问题，一直是品牌研究不断深入探讨的。

一 购买决定的五个动机圈

最简单的一种分类模式无疑是感性价值和理性价值。今天的品牌战略定位书籍也一再强调，品牌必须明白带给客户的理性价值和感性价值是什么。而且这两种价值是很少单独出现的，往往在感性中包含着理性的价值思考，而在理性的价值中也有感性的感动。体现在一个具体的品牌推广中，往往既有感性诉求，又有理性诉求。消费者往往先被感性诉求所打动，再用理性的理由说服自己。但是，感性价值和理性价值的细分还是显得有些粗浅。毕竟，理性价值多样化，而人的感性需求更是多样化。于是，在早期的对品牌的研究中，还有一个理论："购买决定的五个动机圈"。在《营销名牌的 21 种模式：首份对全球 480 个最成功品牌工程的研究报告》中，安德雷亚斯·布霍尔茨和沃尔夫兰·维德曼提出了购买决定的五个动机圈：价值、规范、习惯、身份以及情感，[①]分别对应着五个核心论断。

（1）价值："消费者之所以喜欢你们公司的产品，是因为他相信它给他带来的价值比同类竞争产品更大。"这里的价值更多的是指理性价值和功能性的使用价值，并且这些价值往往是可看可闻可触可感的价值。在中国市场上也曾出现过"可以喝的油漆""可以水煮的管道""可以用高处落下的钢球来砸的镜片"等。

（2）规范："消费者之所以喜欢你们公司的产品，是为了避免或消除一种（与其规范和价值相左的）内心冲突。"当我们出于义务感、责任感、感激心或羞耻心而采取行动时，规范就在发挥作用。今天，越来

---

① 〔美〕安德雷亚斯·布霍尔茨、沃尔夫兰·维德曼：《营造名牌的 21 种模式：首份对全球 480 个最成功品牌工程的研究报告》，肖健、樊渝杰译，中信出版社，2000，第 22 页。

越多的人愿意为产品中的社会责任感或人文情怀而买单。Life water 公司以整瓶水的价格，只卖半瓶水给顾客，而另外半瓶水则送往严重的缺水地区，分发给日常缺水的孩子们。没想到居然大受欢迎，销售额竟然还提升了 652%。尿不湿进入日本市场的案例更是体现了这一点。当初帮宝适进入日本市场时，强调了用尿不湿的方便性，但这一卖点对日本女性完全无效，因为日本女性多为家庭主妇，尿不湿的方便性反而让她们觉得自己是不负责任的妈妈。帮宝适及时发现并纠正了这一点，开始强调尿不湿对宝宝小屁股的呵护，这个诉求减轻了家庭主妇的心理压力，才真正打开了日本市场。

（3）习惯："消费者之所以喜欢你们公司的产品，是因为他们无意识地使用这种产品。"习惯的作用不可低估。与价值相比，习惯对人的行为的影响作用可能更大。在日常生活中，常常是那些无法解释的潜移默化的固定行为方式起着决定性作用。甚至有些人认为，在营销中，最高的奖赏就是让品牌成为消费者的一种无意识的、习惯性购买。尼尔·马丁认为，人至少有两种思维区，执行思维区和习惯思维区："我们把大脑中负责有意识处理的部分称为执行思维区，而把负责无意识处理的大脑区域称为习惯思维区。"① 习惯思维的培养与执行思维的培养是截然不同的，执行思维从原因和目标中学习，而习惯思维是从因果关系以及奖励和重复购买中培养。很多生产快消品或者是购买金额不大、购买决策中对理性决策要求不高的产品的企业，便要去思考如何通过营销让消费者养成购买习惯。

（4）身份："消费者之所以喜欢你们公司的产品，是因为产品使他自己更觉尊贵，也在他人面前尽显身份。"符号行为理论认为，所有的人类行为不仅具有一种实用的、功能的层面，而且还具有一种符号层面。每一种行为方式都传递着有关行为者的信息、反映着他的个性。所

---

① 〔美〕尼尔·马丁：《习惯的陷阱：消费者 95% 的行为被市场营销人员所忽视》，高彩霞译，中国人民大学出版社，2011，第 5 页。

以，我们的穿着、言谈、居住都传递出我们的个性。一个产品能赋予人强大的身份。消费者通过选择产品来表达自我的身份，或是传递自己渴望拥有的身份。消费具有一定的阶层性。月薪3000元的人会被月薪8000元的人的生活方式所打动，而月薪8000元的会被月薪2万元的消费符号所吸引，这便是消费心理当中重要的"越层消费心理"。如何用好越层消费心理，是品牌价值塑造中的重要一环。

（5）情感："消费者之所以喜爱你们公司的产品，是因为他喜欢这个品牌。"有些时候，消费者会因为广告中所传递出来的理念或价值观而喜欢上这个品牌，并喜欢这家公司的产品。比如道格拉斯·B.霍尔特提出的偶像品牌概念："最强有力的偶像品牌通常颇具前瞻性，引领最前沿的文化变革，这类品牌不会瞬间为消费者带来利益、传达个性或情感，而是促使人们去重新思考已经形成的自我认知。引爆整个网络的'凡客体'也正是因为引发了大家对'自我'的重新思考，而在中国语言化中，'自我'思考一直相对欠缺。"[1]

这五个动机圈，每个动机圈都可以进行进一步的深入解读和分析。一个品牌在定位之初，就应该思考一下：消费者购买我们产品的动机是什么？

二 罗兰贝格的消费者价值观因素

除了购买动机外，消费者还有具体的价值观。前面提到过，罗兰贝格公司强调以价值观为基础的品牌管理，并且在他们看来，这为品牌管理决策提供了一个共同的框架，因为个人的价值体系独立于公司所处的行业、类别、供应链或产品属性之外。[2] 罗兰贝格从开放式研究中得出

---

[1] 〔美〕道格拉斯·B.霍尔特：《品牌如何成为偶像》，胡雍丰、孔辛译，商务印书馆，2010，第11页。

[2] 〔美〕安德雷斯·鲍尔、比约恩·布洛兴、凯伊·霍瓦尔特、阿兰·米歇尔：《瞬间的真实：首席执行官品牌管理规划之再定义》，王书斌译，辽宁画报出版社，2008，第22页。

欧洲消费者的 19 种核心价值观：质量、传统/惯例、服务、个人效率、创新/科技、个性化、归属感、自由自在、活力、全面成本、经典、新潮/酷、刺激/乐趣、激情、安逸、简约、自然、高尚、明智购物。

同时罗兰贝格还提出了所有商业决策皆适用的 15 种商业价值观：忠诚、正直、同情、经验、可靠、信诺、简约、卓越、客户成本、交易价、耐久力、服务竞争力、创新、定制化、精确。

罗兰贝格提出的是消费者的价值观。在具体的品牌定位中，可以将消费者的价值观有效转化成品牌价值定位。

和罗兰贝格相似，《商业模式新生代》一书中也概括了 11 种价值主张的简要要素。

（1）新颖：产品或服务满足客户从未感受和体验过的全新需求。

（2）性能：改善产品和服务性能是传统意义上创造价值的普遍方法。

（3）定制化：以满足个别客户或客户细分群体的特定需求来创造价值。

（4）把事情做好：通过帮客户把某些事情做好而简单地创造价值。

（5）设计：产品因优秀的设计脱颖而出。

（6）品牌/身份地位：客户可以通过使用和显示某一特定品牌而发现价值。

（7）价格：以更低的价格提供同质化的价值满足价格敏感客户细分群体。

（8）成本削减：帮助客户削减成本是创造价值的重要方法。

（9）风险抑制：帮助客户抑制风险也可以创造客户价值。

（10）可达性：把产品和服务提供给以前接触不到的客户。

（11）便利性/可用性：使事情更方便或易于使用可以创造可观的价值。[①]

---

① 〔瑞士〕亚历山大·奥斯特瓦德、〔比利时〕伊夫·皮尼：《商业模式新生代》，王帅、毛心宇、亚威译，机械工业出版社，2011，第 20 页。

可以说，这 11 种价值主张概括了我们今天大部分品牌所提供给客户的价值。不过，有些客户可能会同时有两种甚至更多的价值主张。今天我们思考互联网以及很多创业项目的时候，也必须思考：这个项目能给客户带来的价值到底是什么？和传统行业的企业相比，互联网项目给客户提供了什么新的价值？是更加方便还是更低的成本？或者是定制化？或者是一种新的体验？……剥开互联网项目的各种包装，我们一定能看到其核心的价值所在，再叠加上对目标人群的思考，才能建立起商业模式的原点。

在企业实践中，"价值"研究的具体表现形式就是：找到目标用户，发现他们急需解决的问题，并为用户提供解决方案，这就是"价值主张"。而在移动互联网时代，这样的"价值主张"更开始呈现以下两个特征。

第一，价值的思考起点从一个群体开始转向一个人。在《需求：缔造伟大商业传奇的根本力量》一书中，亚德里安·斯莱沃斯基和卡尔·韦伯认为，虽然每个需求故事都独一无二，但有着同样的起点：一个人、一个问题、一个点子。① 也就是说，今天对价值的思考，出发点已经开始发生变化，之前是从人类整体出发，以"分类"式的思考方式来思考价值差异；今天我们更多的是先从"一个点""一个痛点"开始思考。

第二，甚至同样的一个人也有不同的价值需求。同样一个人，需要搜索中文资料的时候，会使用百度；需要搜索国外资料的时候，会想到谷歌；需要搜索学术资料的时候，则可能会使用知网。同样一个人，在给孩子吃鸡蛋时，会想到土鸡蛋，而在给一家人炒鸡蛋吃时，也许就用超市买来的一般鸡蛋了。这也就是"不同的时间，不同的地点，不同的需求"造成了"不同的场景"，从而决定人所需要的价值不一样。

---

① 〔美〕亚德里安·斯莱沃斯基、卡尔·韦伯：《需求：缔造伟大商业传奇的根本力量》，龙志勇、魏薇译，浙江人民出版社，2013，第 7 页。

正是这样基于一个人、一个场景、一个痛点的"需求"，决定了今天价值细分和创新的原点。

第二节 原有价值要素成为价值创新的坐标

品牌价值定位如果只是描述起来那么简单，那世上就真没有难做的生意了。现实是，很多企业并没有价值意识，自然并不知道如何提供价值。有时候企业知道要打造的价值，却发现这个价值区间早被竞争对手所占领，那就要思考在同一个价值点上，如何比竞争对手做得更好，或者，如何打造出和竞争对手有差异的价值，因为只有差异化才能生存。当然，在现实的商业世界中，有远超出上述的价值主张和表述的东西。商业化世界的多样化就体现于人的需求多样化。而商业的发展史，某种意义上就是一部价值不断创新的历史，不管是"女王的瓷器"还是"福特的T型车"，都是创新推动着商业不断前进，也是创新在不断地解决人们面临的问题。价值创新有没有脉络可寻？在品牌的构建中，我们该如何去重新选择我们提供的价值所在？企业身处竞争当中，完全创造出新产品新价值需要投入的力量更大，同时风险也更大。所以，围绕着竞争对手的价值点去做创新更易于成功。

如果把一个品牌（竞争对手）的一个价值当成是一个点，那么在商业世界中，我们至少可以从点、线、面以及三维的角度去思考价值的定位，这可以称为"立体价值定位模式"。

一 对原有价值要素进行增减

在2016年9月出版的《哈佛商业评论》中，埃里克·阿姆奎斯特、约翰·西尼尔、尼古拉斯·布洛赫提出了30种价值要素。在他们看来，

"组成产品和服务价值的基本要素有 30 种，可以分为职能类、情感类、改变生活类和社会影响类。正确的要素组合能够提高客户忠诚度，提升消费者尝试某特定品牌的意愿，并维持公司收入增长"。[①] 这 30 种价值要素组成了价值要素金字塔。

这 30 种价值要素分别是：

职能类：省时、简单化、赚钱、降低风险、组织、整合、联系、省力、避免麻烦、降低成本、质量、多样化、感官吸引力、提供信息；

情感类：减轻焦虑、给我奖赏、怀旧、设计/审美、标志价值、健康、安抚价值、乐趣/消遣、吸引力、提供途径；

改变生活类：改变生活带来希望、自我实现、动力、财富传承、附属/从属；

社会影响类：自我超越。

在行业的竞争格局中，企业都有其价值要素。要对价值进行创新，原有的价值要素便成为一个极好的坐标和参照。

企业可以增大或者减少一些价值要素。比如，将企业的性价比做到更大化。在价值的选择和定位中，有人不断地将原有的价值做到极致。这种价值可以是一种产品性能，可以是一种服务，也可以是一种体验等。有些时候，企业只要把"价值"做得比竞争对手更好一点便会赢来生机。珀莱雅最初提供的价值是化妆品中最为普遍的一个价值："补水"。但是，珀莱雅在"补水"这一价值主张基础上，继续深入，提出了"深深深深层补水专家"这一定位——只是"补水"这一价值未能满足消费者全部的痛点和需求，"深层补水"将价值又往前推进了一步。

这种价值创新是企业最常用到的价值创新方式。在商业竞争中，企

---

① 〔美〕埃里克·阿姆奎斯特、约翰·西尼尔、尼古拉斯·布洛赫：《用价值要素发现客户的真正需求》，刘筱薇译，《哈佛商业评论》2016 年 9 月，第 51 页。

业很容易在一个价值点上不断深化——一旦在一个行业中，人们发现某个价值点是"有效"的，便很容易引发企业在这个标准上的不断竞争。比如在家装零售管道市场，日丰是一个比较早的知名品牌，日丰提出"日丰管，管用五十年"。其后，金德管业进入市场时，便提出了"好管，管用一生"。虽然表达方式不同，但我们能看出，两者都强调了好管道能使用更长时间这一价值主张。同样在快递行业当中，品牌追求越来越快的到达速度，"隔天达"还不够，还必须建立起四小时的"送达圈"，并且还有品牌如以前的"快书包"希望能做到"一小时送达"。当然，这样的价值创新往往只适用于最早开始提出诉求的企业，而在竞争后期企业容易在单一的价值频道上竞争，其结果就是企业陷入残酷的竞争当中。正如企业早期陷入价格战中一样，因为企业认为消费者关注的价值只有一条：低价。但事实上，一方面，能实现最低价的企业只有一个；另一方面，消费者所要求的远远不止是低价。所以，一个好的成熟的行业格局应该是不同的企业在不同价值频道上共处，它们有差异化的价值主张，而不是在一个价值点上残酷厮杀。

企业给用户提供的价值要素很少只集中于一个，更多的时候，是一条价值带（线）。所以，此时，通过调整价值带（线）上几个不同的价值要素，便可以形成新的价值定位。比如，乐视电视，可以给人们提供更多的娱乐资源，但是消费者必须忍受开机前 30 秒广告。今天，我们很难在一个维度上比较乐视电视、小米电视和微鲸电视，因为三者的价值要素不同。所以，有人会说，如果只是家庭娱乐，可以选择乐视；如果看中系统，那么可以选择小米。事实上，这正是一种相对成熟的状态，也就是说大家开发出了不同的价值要素组合，并且提供给有不同需要的人群，而不只是在一条狭窄的通道上直接面对面竞争。

二 对价值进行"微创新"

在《微创新：5 种微小改变创造伟大产品》一书中，作者认为创新从来不是天马行空的，而是需要在框架内寻找创新的可能性，并且改变解决问题时惯有的思路。[①] 在原有的竞争框架中进行微创新是大多数创新成功的真正重要法则。可以说，立足于产品和服务，通过对产品或服务进行微创新，可以产生不同的价值。该书作者提出了在框架内的五种微创新方法，具体如下。

（1）少即是多：减法策略。所谓减法策略，就是将某个产品中的某个关键部件排除在外，当你想象删除它时，要保证产品的其他部分原封不动。比如，你可以想象没有屏幕的电视机、没有灯丝的电灯、没有硬盘的笔记本电脑、没有鸡蛋的蛋糕粉、没有数字按键的手机（苹果手机）、没有喇叭和录音功能的录音机（索尼随身听）、只能接电话不能打电话的手机（摩托罗拉推出的 MANGO 手机，深受家长欢迎）。一开始设想减掉部分功能，往往会让人觉得不可思议或者心惊肉跳。但事实证明，很多成功的"创新品牌"都是因减法而成功的。

（2）分而治之：除法策略。所谓除法策略，就是把一个产品或一项服务分解成多个部分，再将这些分解后的部分进行重组，以产生一种全新的功能或者是以一种全新的形式呈现某种功能。除法策略又包括三种：一是功能性除法，挑出产品或服务中的某个功能，改变其位置；二是物理性除法，将产品按随机原则分解成若干部分，也就是将产品的不同部分打散重组；三是保留性除法：把产品按原样缩小。一些尺寸变小的产品有跟原来同样的功能，可以给用户带去不同的价值体验。

（3）生生不息：乘法策略。所谓乘法策略，就是先明确某个产品或者服务所处的框架，然后对框架后的部分加以复制。单纯的复制肯定不算创新，但是，如果你对某个物品、系统或是流程的某一方面进行了复制，并在此基础上稍加改动，赋予它新的价值，那么这种行为就是创新。正如吉列的剃须刀，在单个刀片的基础上，变成五个刀片，并且每

---

① 〔美〕德鲁·博迪、雅各布·戈登堡：《微创新：5 种微小改变创造伟大产品》，钟莉婷译，中信出版社，2014，第 5 页。

个刀片的作用和功能各不相同。

（4）一专多能：任务统筹策略。所谓任务统筹，就是将一个附加的任务（或者功能）分配给某个产品、服务或者流程中一个已有的部分。这个部分可以是内部构件，也可以是外部构件。而任务统筹也有三种策略。一是任务外包。比如，企业可以将某些服务外包出去，如苹果把第三方软件交给用户公司开发。二是最大限度地利用自己的外部资源。三是由内而外，让内部元素发挥某个外部元素的功能。

（5）巧妙相关：属性依存策略。属性依存策略，是指将原本不相关的属性以一种有意义的方式关联。比如，梅西男装促销时，让价格由下午五时的气温决定。而雀巢挑战"夏天喝冰茶，冬天喝热茶"的观念，设计出了适合在冬天喝的冰茶。

三 不同价值要素的组合和创新

企业可以在一个价值点上做深、做到极致，但是这种创新方式也有其弊端：一方面，行业标准似乎总是掌握在其他企业之手，也往往让消费者觉得有抄袭和模仿之嫌；另一方面，企业也容易在一个价值标准上不断竞争，最后，只是提高了消费者对最低产品标准的预期，抬高了行业的竞争成本。此时，将一个新的价值主张叠加进来，无疑是一种避开直接竞争的有效方式。

2015 年，农夫山泉的矿泉水设计惊艳全国。农夫山泉之前一直强调水源地，而在这次的产品开发中，设计的"美感"成为另一个重要的价值点。有时候，这种价值点的组合往往会打破人们的一些固有思维，比如大家一般认为的"设计好看的一般都比较贵"，"如果食品的材质比较安全，那么价格也是贵的"。但是，企业往往可以通过一些商业模式的创新，实现一些价值的叠加。在日本东京的大田区有家名为"玉子屋"的便当店。玉子屋是一家面向事业单位销售便当的公司，以东京大田区为核心，经营范围可扩大到东京 23 区，主要为在办公室工作的商务人员提供午饭便当。玉子屋的价值要素是为商务人士提供"更便宜、更好吃、更健康的午饭"。企业要实现便宜，或者好吃，或者健康都不难，但要同时实现三个价值点，这个难度就很大。而玉子屋为此重新设计了其商业模式。玉子屋每天更换菜单，但每天只有一种，以缩减成本。同时，玉子屋将人工成本降得比较低，"做业界其他公司三倍的工作，赚取两倍的酬劳"，提高了劳动生产率。同时，通过配送系统的调整，将便当的"废弃率"降到最低，将省下的成本全部投入到采购优质食材当中。而玉子屋的商业结构类似会员制，会员以职场为单位长期购买，签约条件是每位顾客每天至少要订 10 份便当。通过这样系统的商业设计，玉子屋实现了"便宜 + 好吃 + 健康"的价值叠加。

在当前的环境中，"感觉好 + 平价"的设计师平价品牌已成为重要的品牌策略点，比如，名创优品，首先将日本设计的形象和概念传递给消费者，让消费者感觉良好，同时，不高的价格成了消费者下单的最后推手。

四　从边缘的亚文化中发现商业价值

在文化的构成中，有主流文化，也有各种亚文化。所谓亚文化，指的是从主流文化中衍生出来的新兴的、小众的文化，是一种面对事物的思想、态度、习惯与生活方式。商业并不永远只服务于主流，亚文化代表的边缘价值也常常成为主流文化新产品和营销的手段，在商业史上一次次成功转正。当面对竞争对手坐拥强大的主流价值时，从亚文化的边缘价值入手，也是一种好的定位。而且，随着互联网的"无远弗届"特征日益鲜明，以往的边缘文化同样能够聚合成不小的消费群体。

中国服装行业中的棉麻风和禅意风在过去很长时间内一直属于边缘文化。但随着国人文化自信的崛起，随着民众经济实力的提升，随着互联网时代的到来，边缘价值有了更好的传播渠道，它们有了成为社会主流价值的趋势。文化和社会需求之间存在着密切相关的关系。以 Armani 为例，Armani 成为全球某一特定类型企业家的标准工作服，"Armani 新商人"这一概念在时尚和流行之外，蕴含着更深刻的全球化社会心灵变迁因素。穿 Armani 工作服有双重的意义：面对芸芸众生，可以隐藏自己，它似乎"毫不起眼"；但面对精英同侪，它却可以帮助主人在细微之处彰显自己。毛料的织法、版式的曲线、暗色领带上隐约的几何图案、袖扣的安排……在镁光灯照亮之处，它不出风头，但在晚宴或会议中它却大放异彩。并不是每个人都能穿上 Armani，它招牌式的"垂坠感"，对穿着者的身材很有要求。一个身材过胖的人身穿 Armani 很可能适得其反。因此，"Armani 工作族"又蕴含了另一层意义：他们是一群在富裕生活中禁欲的人，通过饮食与作息管控、持之以恒的运动，保持美学化的身体。能穿上 Armani 反映着他们经营新企业和自身的能力。全球化的竞争需要的是更兢兢业业的新型管理者（出自《Armani 商人》）。

同样，在香水广告中，除了曼妙的美女，还有直透人心的文案，这些文案并不是简单地告诉我们前调、中调和后调，在每一个文案中我们仿佛都能看到一个窈窕佳人，在水一方。

"Dior 真我香水"：真我香水以玫瑰和大马士革的花果香调，极具女性气质的表达，绝对女性气质的象征，充满自信、感性。

"雅顿第五大道香水"：漫步在纽约的女子，白天的从容优雅蜕变成夜晚弥漫着纸醉金迷的神秘感，风情万种的眼神中闪烁着微妙光泽的耀眼金铜色光芒，锐利而又妩媚地围绕在性感的气息里。选择"第五大道"的女性是自信的、现代的、智慧而优雅利落的。

"Ferragamo 闪耀光彩女士香水"：甜美的花果香味，扑面而来的菠萝香味，就像明媚的五月般豁然开朗。绚丽的瓶身五彩斑斓，就像小时候所有女孩子的梦想。喜欢 Ferragamo，你是 18～25 岁甜美可爱的女孩子。

"KENZO 高田贤三水之恋香水"：清新而性感的水，泛起淡淡涟漪化成了波浪状的瓶身和外包装，柔和的曲线凝聚着女人的妩媚和洁净。

选择水之恋的女人往往清如水、淡如风、清新脱俗，理性中带着感性。

可以说，几乎每一款香水品牌都是一类女性人格的典型代表。正是这种对亚文化的深度挖掘成就了一个又一个品牌。

五　引入新的价值点（价值话语体系的变更），整合成新的价值体系

当前的建材行业呈现出一个特点——行业融合趋势越发明显。比如，传统做吊顶的，开始整合 LED 灯、换气扇以及浴霸，从而推出了"集成吊顶"概念。传统做地板的，开始做衣柜等，并提出"整体木作"概念。传统做管道的，开始推出前置净水器，并且将其看作完整的高端管道系统。和传统的产品延伸不同的是，在建材行业发生的价值话语体系的变更，不仅给企业增加了新的业务来源，更是改变了传统的价值评估体系，整合形成了新的价值体系。传统产品（或服务）和新产品（或服务）的整合，起了"化学反应"，形成了新的特质。这种价值的创新方式可被称为重新定义价值。

大多数企业都会遇上这样的问题：一个产品在生命周期的后期，往往竞争越来越激烈、价格越来越透明、利润越来越低。此时，企业能做的，要么就是推出利润更高的新产品，要么便是改变传统价值评估的标准和体系，从而让消费者难以直接比价，同时也为消费者带去更多的便利性。

六　从产品价值到产业价值生态圈

今天，大多数中国企业都面临着转型升级问题。从产业的发展模式上来看，转型升级是否有明确的路径可寻？虽然企业的定位和路径可能不同，但我们仍可以从中找到一定的规律。

可以说，价值创新就是转型升级，而转型升级至少包括以下四个层面。

第一，立足于技术的产品创新升级。依托产品技术、材料技术、工艺制造技术、智能制造或者信息技术、物联网等实现产品或服务层面的价值创新。

第二，商业模式创新升级。在商业模式层面，重新集合新的资源能力和驱动因素，提供新的价值。

第三，重塑业态。打造行业价值生态圈，可以说，未来的商业一定是共生共荣共享的生态圈，而过去更多强调的是纵向的单一价值链。现在，不论是阿里巴巴还是腾讯，甚至是小米，都在寻求打造属于自己的价值生态圈。

第四，重新定义企业存在的价值，指明新的发展空域。胶卷市场开始萎缩后，富士在原料方面找到了新的发展空间——胶原蛋白，从而在另一领域找到了新的价值所在。

第三节　跳出原有坐标的价值创新

在价值细分、定位和创新的过程中，总有些企业会跳脱原有的竞争坐标或者价值坐标，从而开创新的价值。

龚焱、郝亚洲便提出了价值革命的三种路径。[①]

（1）移植创新。

所谓移植创新，更多的是指借鉴其他企业或行业的经验，在模仿的基础上改进创新。这种模仿可以是同行业的，但很多时候是对其他行业的借鉴、学习和模仿。

而移植创新又有四条路径。

---

① 龚焱、郝亚洲：《价值革命：重构商业模式的方法论》，机械工业出版社，2016，第 161 页。

第一条是跨地区移植。这种跨地区移植往往是从发达市场移植到发展中市场。优衣库兴起后，不少三四线城市开始对优衣库的模式进行学习和模仿，比如，"好衣好库"品牌。中国互联网的大多数商业模式也是从发达国家移植来的。

第二条是跨时域移植。把历史的元素移植到现在。著名时尚预测师Li Edelkoort 曾经宣布"时尚已死"，在她看来，现有的时尚业就是一个"可怜又滑稽地模仿过去事物"的产业。但是，"复古"又何尝不是一种价值创新？

第三条是跨技术轨道移植。一般的跨技术轨道移植是从低往高移，但也可以从高端的技术轨道切换到低端的技术轨道。

第四条是跨行业移植。跨行业移植难度最大，但创新出现率也最高。伟星管道开创"产品 + 星管家"服务这一模式后，电线行业也开始学习和移植。

（2）整合创新。

顾名思义，整合创新就是整合不同的元素或模式，进行价值创新。整合创新也有三个原则。

第一个原则是交叉授粉，也就是今天我们说得最多的跨界思维，即将不同的事物放在一起来思考如何创新。比如，能否用时尚的概念来操作家具行业？图书能出租，衣服和饰品能否出租？共享经济和不同的行业如何"嫁接授粉"？比如，"气味图书馆"将气味和图书馆结合起来，走了一条和传统的香水行业不同的价值创造道路。香水行业一直以来的成功在于：精准的定位，详尽的目标消费者图像描绘，有特色的香味，精致而有设计感的瓶身，以及符合个性的广告和推广。而"气味图书馆"则是强调"气味"本身，并且是以"多"取胜。

第二个原则是思维至简。也就是直接关注行业的终极价值。传统的商务型酒店发现了商务人士对酒店的需求——"睡一个好觉"，并且围绕着"睡一个好觉"去思考提供的产品和服务：舒服的床、24 小时热水、舒服的枕头、房间环境清雅……

第三个原则是聚焦和迭代。通过聚焦，不断地试错，不断地发展认知。

（3）跃迁式创新。

跃迁式创新也可以理解为"大爆炸式创新"。大爆炸式创新主要是从成功者忽略的地方入手，通过提供更加舒适和便宜的产品颠覆领先者。大爆炸会呈现辐射状，且无法预期，也就是说成功者不知何时做出应对，也不知道该在什么地方应对，更不知道该如何应对。

而在《半面创新：实践者的创新制胜之道》中，周宏桥也提出了创新立足的四大链条：行业链、行差链、产融链、混搭链。①

行业内的创新，横向一组是最重要的，即生产关系的组织创新（先人后事第一）、生产方式的模式创新以及生产力的技术或大数据创新；纵向两组，一组是三位一体的产品创新、服务创新、体验或设计创新，一组是围绕产品全流程的供、产、销的前端、中端、后端创新。

而行差链，创新顾名思义就是借鉴行业之间的差异从而实现创新。产融创新则是借鉴金融手段，为客户创造更大的价值。混搭跨界创新和前文分析过的跨界创新相似。

由此可见，创新并不是天马行空，或者奇思妙想。创新是有方法的，而且这些方法基本能保证创新的落地和有效。中国经济进入新常态后，品牌成为企业竞争的重要手段之一。而做好品牌也就意味着企业必须在价值创新的基础上，做好自身的价值定位。

---

① 周宏桥：《半面创新：实践者的创新制胜之道》，机械工业出版社，2013，第24 页。

第七章　品牌价值的内外表达

重回本质
品牌的价值思考

在企业的价值定位已经明确之后，如何将价值进行表达和传播，便成了重中之重。接下来的两章，我们将具体分析品牌价值的表达和传播。品牌价值的表达和传播的说法严格来讲并不准确。因为表达本身就是一种传播。所以，这里笔者再稍做区分：品牌表达，更多的是品牌价值的一种视觉表达，也就是我们常说的 VIS（Visual Identity System）体系，包括品牌名字、品牌 LOGO、品牌标准色、辅助色、应用方案以及 SI（Store Identity）等，当然，也可以再延伸出去，思考除了视觉之外的其他感官表达。而品牌传播则更多的是指广告、公关、事件营销、内容营销等具体的传播策略和方式。接下来的这一章，我们将要探讨三个问题：第一，品牌的符号；第二，品牌价值传达的一致性管理；第三，品牌价值的内部表达。在内部建立起品牌的价值表达是远远不够的。所以在第八章我们将更多地来思考品牌如何通过广告、公关、事件营销等实现和消费者的沟通，真正将品牌价值传扬出去。

第一节　品牌价值的符号化表达

提到品牌的符号，可能没有多少企业家知道索绪尔的符号学。费尔迪南·德·索绪尔（Ferdinand de Saussure，1857－1913），瑞士语言学家，祖籍法国，现代语言学理论的奠基者。索绪尔是现代语言学之父，把语言学塑造成了一门影响巨大的独立学科。他认为语言是基于符号及意义的一门科学，现在通称符号学。

什么是符号？在学者赵毅衡看来，符号就是被认为携带意义的感知。符号的用途是表达意义。具体来说，没有意义可以不用符号表达，也没有不表达意义的符号。在品牌的传播中，我们会用到大量的符号去搭建品牌和消费者的认知共识。每一个名字、每一种色彩、广告中每一个画面的形象，都是符号，都在传递着品牌欲传递的意义。王石2012年拍了一支切诺基的广告："用你的经历定义自己"，广告文案如下：

> 当你仰视着我
>
> 你看到的是王石，还是一个符号
>
> 这个符号充斥着
>
> 被世俗所反复夸耀的成功
>
> 却跟我毫无关系
>
> 真正靠近自己
>
> 你明白那些融进你生命的
>
> 不是万科
>
> 不是珠穆朗玛，或者乞力马扎罗
>
> 而是走向他们，或者告别他们时
>
> 留下的脚印
>
> 正是这样的经历而非名字
>
> 决定了这个世界
>
> 只有一个独一无二的我
>
> 和一个独一无二的你

和文案相配的，是广告画面中，那一个一个充满符号意味的镜头和元素：镜像倒影、毒蛇、庆祝的酒杯、路标、山顶、门、图书馆、脚印、迷宫、车站。这些元素在消费者的认知中都有独特的意义，并且串联起对品牌传播主题的表达。

　　品牌价值是一种意义。如何将这种意义用符号来进行表达？今天的品牌学已经发展出了一套详细的品牌符号化的表达系统，包括基础的 VIS 部分加上庞大的应用系统。品牌的视觉传达的基础部分包括品牌名、LOGO、标准色、标准字、辅助形。而品牌的应用部分则包括包装、名片、交通工具、办公文具等。把品牌名、LOGO、标准色、标准字、辅助形称为基础系统，就是因为这几部分的组合比较清晰而完整地体现了品牌的价值。而其中，又以 LOGO、名字和广告语为重。但作为企业家，而不是设计师，如何去思考和评判这些要素呢？

一　不能单纯以视觉美感来评价一个 LOGO

　　一个没有 LOGO 的企业就像一个没有面部特征的人。一次又一次重复地让人看见同一个标识能让人产生信任感。但 LOGO 设计又是品牌策划中最难以评判的，设计师的差异会导致既有 50 万元一个的 LOGO，也有 300 元一个的 LOGO。当然，我们不能直接以设计师的身价来评判一个 LOGO。那么到底该如何评判一个 LOGO 的好坏？如果仅从美感的角度来评判，那肯定是难以抉择的。"萝卜青菜，各有所爱"。不同出身、不同经历、不同个性、不同文化程度的人在审美上有巨大差异。而要判断一个 LOGO 的好坏，就在于其是否准确、简洁而又艺术化地表达了品牌的价值，传递了品牌信息，并且能够让人快速识别、记住。

　　很多企业将品牌创建的最重要部分工作等同于 LOGO 创建及其视觉优化。事实上，品牌创建工作是个系统工程，而且 LOGO 设计的重要性所占比重越来越低。

　　第一，LOGO 设计必须在品牌战略下进行。没有在品牌战略指导下进行的 LOGO 设计就像在黑夜中行驶的轮船，往往迷失方向和判断标准。品牌要传递的价值是什么？和竞争对手有什么差异？竞争对手的 LOGO 和视觉形象是怎样的？风格和标准色要传递什么信息？目标消费者是谁？他们喜欢的设计和美感是怎样的？……这些问题如果回答不上来，那么LOGO是没有办法确定的。

第二，价值大于视觉。在20世纪90年代的企业竞争中，大多数企业都没有LOGO和图形标识意识，消费者的见识也不够，谁能先一步做LOGO，便有了领先竞争对手的重要优势。但是到今天，大多数企业都有LOGO，LOGO更多的只是一个差异化的标识，能起到区分的作用，成为企业标配，而不再是企业竞争的利器，从而缺少了"价值"功能。所以，今天企业的品牌竞争，"价值"本身要远远大于LOGO本身。

第三，但第两点并不是说LOGO已经没有价值，一个专业的LOGO设计本身能更好地传递企业价值的定位和风格，从而减少沟通成本。而这也正是一个专业的设计师必须完成的工作。当然，企业如果能将LOGO设计本身变成一项公关活动，那这一行为本身就有了另一层面的传播方面的价值。

所以，企业家在进行LOGO设计时，不应仅关注LOGO的视觉本身，还要关注这个设计背后的逻辑以及其对价值的传递。

二 名字有多重要？

"名正则言顺"这句话相信大多数中国人都听过，很多人也认为起一个好名字是品牌建设的重要一环。

名字到底有多重要？

一方面，今天我们看到很多世界级的优秀品牌，其名字并没有特别的意义和信息，特别是国外很多大品牌的名字都是家族的姓，西门子是家族的姓，YKK是公司名字的缩写。伟星股份的SAB，因为行业特殊需要，必须是三个字母，而只有SAB能注册，① 在注册之初，因为SAB的谐音引来了不少争议。但现在，SAB已经成为中国服装服饰辅料行业

---

① 拉链行业因为行业特殊性，需要将品牌名打在拉头上，一般是三个字母，但SAB注册时，大部分三个字母的品牌名都已经不能注册。

的领导品牌，并且成为 YKK 最强劲的竞争对手。

另一方面，我们也看到一些品牌的名字确实对产品的销售有极大的帮助。比如，"好吃点"的品牌名以及"好吃你就多吃点"这句广告语对产品的销售就有很大的影响力。特别是进入互联网时代后，大多数公司的取名更希望是简单好记并且本身是人们比较熟悉的，比如，野兽派花艺、小猪短租、瓜子二手车、蚂蚁金服等。

为什么会出现这样两种完全不同的情况？那名字到底是重要还是不重要呢？事实上，这和企业所处的行业以及发展阶段有关。

对于很多工业品来说，名字的重要性相对来说不如快消品。因为客户的购买决策更为理性。而快消品的购买则更受"熟悉"影响。

事实上，名字在一个"新产品"进入市场的前期确实有很大的作用。这种作用体现在两方面：一方面在于它能降低信息的传播成本，能让人快速地记忆和愿意尝试；另一个更为重要的方面在于，在品牌名中直接将品牌的价值传递出去，这样对于价值的传递成本是最为节省的。但从更长远来看，一个真正的品牌的创建，仅仅依靠名字是远远不够的，品牌最终还是要回到"价值"上来。

如何给产品或品牌取个好名字？好名字要符合以下五点。

第一，符合品牌核心定位。品牌定位如果比较小清新，那品牌名也必须是比较小清新的。如果品牌走高大上路线，那品牌名感觉上也应该更加高大上一些。

第二，要传递出品牌的价值。品牌名称最重要的是传递出品牌的核心价值，让听者一听就明白品牌的价值主张是什么。

第三，符合目标顾客群的审美标准。每个品牌都有自己的目标顾客群，品牌名应该符合目标顾客群的审美和爱好，而不仅仅是老板或企业的。

第四，考虑产品之间的相容性。事实上，很多企业都会用多产品策略或者多品牌策略。是否需要和原有产品相联系，或者是故意和原有品牌相区隔，也是在起名字时就必须考虑的问题。

第五，考虑和竞争对手的相似性及差异性。起名字是要和竞争对手完全不同，还是要和竞争对手相似？事实上，这也和产品的定位相关。有时候，企业为了混淆消费者的认知，模糊差异，会给产品起和竞争对手相似的名字。否则，那就必须和竞争对手区隔开来，以免消费者混淆。

当然，如果企业的产品并不是快消品，或者消费者的冲动性消费和尝试性消费很强的产品，那么，名字有时真得不是那么重要，重要的是把企业的精力真正放到顾客价值和体验的打造上来。

三 一句好的广告语

和品牌名字一样，品牌广告语也是品牌创建中的一个重要组成部分。企业在找品牌公司制订品牌战略时，往往会比较重视广告语。

但有时候，笔者会问客户，你能说出的好广告语是什么？"Just do it"，"怕上火，喝王老吉"，"今年过年不收礼，收礼只收脑白金"……但是，这些品牌的成功是因为广告语的成功吗？还是这些品牌的成功让这些广告语"耳熟能详"？

广告语并不是企业成功的真正原因。好的广告语只是传递了企业的真正价值，而企业的价值并不只依靠广告语来传递。苹果最初的广告语"Think different"非常好地传递出了苹果和其他品牌相比不同的价值观。但是，今天，苹果的广告语是什么已经并不重要。好的广告语都有其出色的策略所在，也就是说，非常清楚地知道"要说什么"，其次是"如何说好"。

所以，一句好的广告语，需要做到四点。

第一，符合行业特征。也就是说能体现行业特色和共性，同时，也要根据企业在行业中所处的不同位置来思考。比如，行业领导者更应该强调对行业的引领性，而行业的利基者则更应该强调自己的特色或者差异。在给伟星房产制定品牌形象广告语时，我们一直在思考，"一幢房子不仅仅是冰冷的物质，它不仅仅是一个物质的庇护所，它一直是一个精神上的庇护所，是一个身份上的护卫士。任何一幢房子，都在向我们讲述一种最适合在其内部或围绕其周围展开的特定生活"，而这才是房产行业的本质特征。正如体育用品行业从来都不只是在卖运动用品本身，而更是在卖一种"运动精神"。

第二，和竞争对手有差异。在《别想那只大象》一书中，作者提出了控制话语权的两大利器：框架和隐喻。① 控制语言就是控制思想。在该书中，作者用"那只大象"的例子告诉我们，在语言大战中战胜对手的方法很简单：千万不要用对方已经不断重复强调的关键词。在给"卖好车"制定品牌形象定位语时，我们研究了行业竞争对手的广告语。

省心网："让汽车买卖更简单"；

跳板网："针对汽车经销商去库存的平台"；

车行 168："找车源就用车行 168"；

车镇网："全球新车直销平台"。

可以看出，"卖好车"的竞争对手的广告语都太具体，偏重找车源，缺少远见，而且偏向负面的话语体系。所以，"卖好车"必须跳出竞争对手所建立的框架和隐喻，建立起自己的话语体系。

第三，传递出品牌的核心价值。传递出品牌区别于竞争对手的价值，如果又刚好能和品牌名称发生联系，或者说直接将品牌名植入，让品牌名成为某个品类的代名词，那是最好不过了。比如，"361度，多一度热爱"，"好买卖，就是卖好车"。

第四，最好要考虑受众的特征来选择表达方式。比如，受众如果是文艺青年，广告语可以更文雅而富有哲学味。但如果受众是类似于建材

---

① 〔美〕乔治·莱考夫：《别想那只大象》，闾佳译，浙江人民出版社，2013，第11 页。

行业的经销商，广告语则可以简洁、直白一些，也可以有些煽动性。

四　所有的视觉都在传递信息和价值

除了 LOGO、名字之外，品牌还有很多视觉符号，这些符号都在传递品牌的信息和价值，也成为品牌重要的识别标志之一，比如色彩、外形等。

色彩。成功的品牌往往会有自己独特的色彩标识，甚至是色彩命名，比如蒂凡尼蓝、爱马仕橙。而且色彩一旦在消费者心目中有了一定的认知，便是品牌的一项重大资产，轻易不要改动。伟星管的标准色为绿色，其实在企业标准色的应用中，绿色并不太好用，但是，很多消费者却认为绿色更为环保，以至绿色开始成为伟星的一个重要标识。不要说其他品牌的模仿，就是伟星自己推出其他色彩的产品时，也并不成功。

外形。产品的外形很容易成为一个品牌的记忆符号，最有名的当然是可口可乐的曲线瓶。当产品的外形和广告结合起来时，很容易成为消费者选择的"坐标"。比如，哈药六厂著名的"蓝瓶的，好喝的"。当然最经典的便是绝对牌伏特加甚至用其瓶形结合广告，已成为世界上最成功的广告案例之一。

绝对牌伏特加 1879 年生于瑞典北部的一个小山村，在进入美国市场前名不见经传。它采用当地纯净的矿泉水酿制，在发酵过程中经过一种特殊的提纯工艺，能除去酿造原料中的杂质，因此生产出来的伏特加酒非常纯粹。绝对牌伏特加原先一直只在瑞典本地销售，直到 20 世纪 70 年代末才获得许可成为出口产品，在当时，要获得广阔市场，必须将产品推销到美国才行。

当时美国的伏特加市场不容乐观：到 1970 年为止，美国每年消费 4000 万箱伏特加，但 99% 都是美国自己生产的；而且美国人相比伏特加更喜欢威士忌；另外许多消费者习惯把伏特加与橙汁、番茄汁或其他东西混合起来饮用，所以人们"不在乎伏特加本身的质量如何，越便宜越好"。剩下 1% 的伏特加市场属于进口品牌。

　　绝对牌伏特加的代理公司在 1978 年上市初期曾投资 6.5 万美元做过市调，结果认为：①人们普遍认为"绝对牌"名字太过于噱头，瓶子形状不好看；②酒吧的人认为这种瓶子的瓶颈太短，不方便倒取；③清玻璃酒瓶摆在酒柜上一眼就看穿，不像别的酒瓶有色彩丰富的品牌标识。

　　但正是这个在调研中不被认可的瓶子，却成了世界广告史上最为独特的一只瓶子。其代理公司 TBWA 提出的广告概念是揭示绝对牌伏特加与市场上其他品牌的差异点。这个概念也旨在把绝对牌伏特加捧为人们热衷的品牌，并使之成为成功和高级的象征。平面广告的创意要领都以该形状奇怪的瓶子为中心，下方加一行两个词的英文，以"ABSO-LUT"为首词，加一个表示品质的词居中，如"完美"或"澄清"，不讲述任何有关产品的故事。该产品的独特性由广告的独特性准确地反映出来。把瓶子置于中心充当主角当然很可能吸引顾客，但更重要的是，与视觉关联的标题措辞及其引发的奇想赋予了广告无穷的魅力和奥妙。15 年来，Carillon 公司和 TBWA 坚持在平面广告中采用这种"标准格式"（瓶子加两个词的标题），制作了 600 多张平面广告，虽然"格式"不变，但表现千变万化，"大胆借势，巧妙传名"，广告运作的主题多达 12 类之多——绝对的产品、物品、城市、艺术、节日、口味、服装设计、主题艺术、欧洲城市、影片与文学、时事新闻等。同时，广告将所要传达的产品意念，与受众心目中具有重要地位的"名物"融为一体，不断散发历史和文化的永恒魅力。

　　辅助图形。品牌辅助图形犹如公司的第二张脸，它能强化企业识别系统的诉求力，抓住受众的视线，引起人们的兴趣，从而更明确地传递企业价值。辅助图形能够更好地配合企业标志，当标志不方便突出展示的时候，由辅助图形加强展示，能起到对比、陪衬企业标志的作用，同时可增加其他要素在应用中的柔软度与适应性。当看到"红飘带"时，我们一定会想到可口可乐。LV、GUCCI、FENDI 等奢侈品牌利用"标志"崇拜心理，将品牌标志图形直接连续反复组合为有节奏和韵律的图案作为产品的外观装饰，兼具美感和品牌效应。

卡通形象。卡通形象也是品牌塑造符号中最重要的内容之一。劲量电池便是凭着一个劲量兔子的形象，成功打造了劲量"能量无敌"的形象。而米其林轮胎的"米其林宝宝"也是深入人心的卡通形象。

在商业进入 IP 时代后，卡通动漫形象有了更大的价值。一个 IP，便有一种独特的人格、独特的魅力。占有一个强大的 IP，便占有了一个强大的消费流量入口。成立于 2012 年的互联网零食品牌"三只松鼠"，在 2016 年实现了销售额超 50 亿元。"三只松鼠"不仅仅是一个卡通动漫形象，而是已逐渐被打造为代表着爱与快乐的强大 IP。未来的"三只松鼠"将围绕 IP 化品牌经营，从内容到产业，由浅到深的多元化用户体验，形成吃、喝、玩、乐、买、住的消费闭环。

而在品牌众多的信息和价值之中，最重要的无疑就是产品的核心价值：为客户选择找个理由，为产品溢价找个支撑。当把色彩、符号、辅助形和品牌价值相结合时，品牌视觉表现的"销售力"

图 7-1 LV 的标志
图片来源：LV 官网。

图 7-2 三只松鼠的品牌形象
图片来源：三只松鼠官网。

才能达成。"旺旺"就是一个典型的具有销售力的视觉表现，本身就传达出产品价值的"旺旺"品牌名，红色的符号既有识别性、记忆性，也和"旺旺"的价值一脉相承。

五　不仅仅是视觉，更有五感

当品牌资产不断积累的时候，很多企业开始意识到，不仅仅是视觉，在体验时代，听觉、嗅觉、味觉、触觉也能成为品牌的独特记忆点。在马丁·林斯特龙看来，"我们对世界的理解都是通过感官来完成。无论过去还是现在，感官都连接着我们的记忆"[1]。空气中清新的味道会让你想起某一个同样的场景。人的口味是有记忆的，小时候的口味终身难改。微信提示音，关上车门的"闷"声带来的愉悦和满足感，都是常见的、熟悉的。而在人类的感官反应中，有一个词，叫"通感"，也就是不同感官的感觉是可以相互沟通的。

最著名的国际"声品牌"莫过于英特尔（INTEL）了，打开电脑，跳跃在空气中的英特尔独特的音符让人们知道这是英特尔，这就是"声品牌"的魅力；听到"我就喜欢"的音乐，人们就想起了麦当劳；高露洁则将自己独特的牙膏口味申请了专利，使它的品牌战略在同行中独树一帜；Stefan Floridian Waters 其实是作为新加坡航空形象一部分而特别设计的香味。这种香味被加入新加坡航空空姐所用的香水中、被混入飞机起飞之前提供的热毛巾中，整个机舱中都充满这种香味。而且，这种香味已经被注册成为新加坡航空的商标。

同样，我们也不难想到，什么气味与电影院联系在一起了，不会是电影胶片或者人的味道，而是爆米花。实际上，爆米花已深深地与电影联系在一起了，以至于没有它的时候，你可能会觉得缺了点什么。

所以，利用感官营销，需要企业做到两点。

一是不要只关注视觉，而是可以从五感的角度来塑造企业的"符号"认知。马丁在书中说，他曾经做过一个调查，询问消费者对于星

---

[1]　〔美〕马丁·林斯特龙：《感官品牌》，赵萌萌译，天津教育出版社，2011，第20页。

巴克的感官印象。最多的答案是两个：一是研磨咖啡豆的机器运转声，二是奶香气。而在《一路向前》中，舒尔茨就曾提到为了维护星巴克的香味，而将早餐其他三明治等食品停掉，因为在他看来，这些需经过加热的食品毁了星巴克的气味。

二是企业应该尽可能地将五种感官统合起来，通过协同提升品牌附加价值，打造品牌独一无二的体验感。北京 798 艺术区有一家叫"榕园"的餐厅，只有一张餐桌，每天只为一桌客人提供服务，而且必须提前预订。进到餐厅后，消费者会感觉像回到自己一个艺术家朋友的家，以古琴和上等茶叶作为开场，主人则在厨房为大家烹制美味，聊天、听琴、品茗以及家庭式的聚会，长方形的中式大条桌，让整个就餐过程变得轻松、精致，充满艺术品质，氛围随意。显然，对于人均接近 1000 元的消费标准而言，体验的价值被最大化了。当然对于餐厅而言，一天一桌的商业模式也是一种极致的商业策略，但对于环境和空间的每一个细节的通感考虑却是值得品牌企业借鉴的。

六　品牌，要么始于符号，要么成为符号

在品牌的打造过程中，符号化的应用有两种，一种是利用符号，一种是自己创造符号。

而品牌的最高境界无疑是利用消费者的原有认知，并将其延伸到品牌自有符号上来，从而赋予自身品牌符号的新价值。耐克的"✓"象征着希腊胜利女神翅膀的羽毛，代表着速度，同时也代表着动感和轻柔。但今天，很多人并不知道耐克商标的本来意义，却清楚地知道耐克自身赋予这个符号的意义和价值。

而品牌创造的符号并不限于视觉，也可以是"动作"。金六福曾经在广告中就力推一个动作化的符号，这个符号便是品牌的记忆点。好丽友也曾经在广告中推出一个动作，成了品牌的一个记忆符号。

而近几年来最火的当属"我爱纽约"。事实上，这个符号也利用了人

们原有的对心型符号的认知，并且重新为"我爱纽约"这个符号赋予了更多的情感。而"我爱纽约"最后也成了一个经典符号，为其他城市和品牌所借鉴。能有效借用和重新升华，才是品牌符号打造的高境界。

图 7 – 3 "我爱纽约"

在中国著名的品牌营销咨询公司华与华看来，一个超级品牌就是一个超级符号系统。品牌要么始于符号，要么成为符号。好的品牌往往在品牌创建之初，借用了某个符号的意义，并且在其后的运营中，赋予了其品牌自身新的意义，从而成为一个符号。

第二节　形象的一致化管理和形象的升级

形象的建立并不是一劳永逸的。和形象的建立相比，更难的在于形象的管理以及形象的升级。因此，除了最初的设计之外，企业还会遇到形象的一致化管理、形象的升级以及形象的改变等问题。

一　形象的一致化管理

在品牌形象塑造过程中，设计一个 LOGO、设计一套 VI 并不是最难的事情。最难的事情是 VI 的应用以及进行形象的一致化管理。从认知心理学的角度来看，人们对一件事情或者物品的信任和喜好，是可以从熟悉度转化而来的。而所谓熟悉，也就是经常出现在消费者面前。这也是广告追求曝光度的原因——一定量的曝光度确实会带来熟悉和信任。所以，企业需要将一个固定的、有识别性的、和竞争对手有区隔的形象尽可能多地曝光在消费者面前。同时，也只有这种高度的一致化管理，才能让品牌在面临假货或者抄袭者时，有清晰的认知和识别。这里包含两层意思，一是形象的统一性和一致性，另一个是不断地曝光。这两者都需要企业投入大量的时间和物力。前者重点在管理，而后者重点在"钱"和"创意"。形象的一致性多要求严格，比如3M公司的形象管理手册对LOGO的色彩、大小、底色、图片的使用都有严格规定。

大多数企业做完VI后都有一本相对完整的"VI形象手册"。但这本手册不论印刷和装订如何精美，其本身都不应该成为目的。它只是一个管理工具，如果离开具体的管理，工具本身是毫无价值的。

二　形象的升级

形象的一致性并不是要求企业的形象永远不变。所有的企业都是生存于环境当中的，企业永远都在寻找外部环境机会及其与内部资源能力的匹配，而外部环境和内部资源能力没有一成不变的。但是形象要不要变是一个应慎重思考的问题。企业必须得想明白：企业的形象为什么要变？如何变？哪些该变，哪些不该变？

企业的形象为什么要调整？主要原因有以下几点。

第一，品牌老化，必须重新面对新的消费群体。2010年，李宁在调研报告中发现，其消费群体年龄已经严重偏大，李宁公司希望将目标消费群体锁定为"新一代创造者"：13～26岁热爱运动的年轻人。而实际调查结果无疑与李宁的目标人群有较大差距：整体用户群年龄偏大，35～40岁的人超过50%。于是，李宁开始了品牌的重塑运动。

第二，品牌因各种原因必须对价值主张进行重新定位，价值定位的变化自然必须通过形象的变化来告知消费者。2017 年年初，Calvin Klein 将曾经部分小写的品牌 LOGO 中的字母全部转换成了大写字母拼写的"CALVIN KLEIN"，并且在字体和字间距上也做了调整。尽管只是大小写更改成全部大写，但这意味着品牌的价值调整。CK 官方对于更改商标这样解释："回归传统精神，致敬品牌创始人和品牌根基。"近年来，CK 一直以博出位的广告赢得市场眼球，但业内人士分析，广告中过分突出博眼球的另一面也显示了其在产品设计上的薄弱，过分性感的内衣营销加重了市场对品牌的"刻板印象"，80 年代缔造的"休闲服王者"的市场形象正在失去。所以，此次 LOGO 调整传递出来的信息就在于："CK"并不只有它标志性的内衣和牛仔——它还有更多东西。

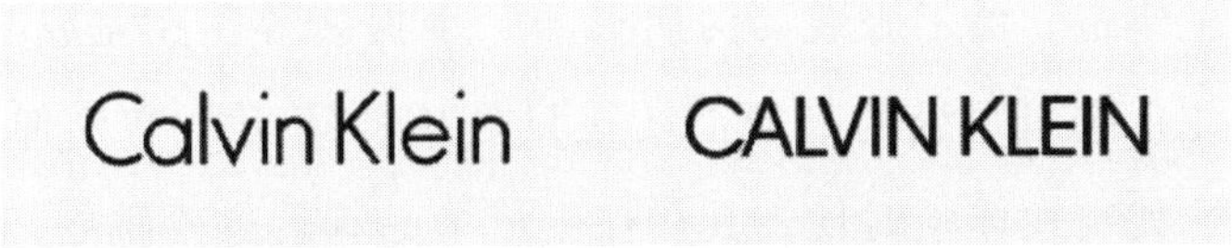

图 7-4 CK 新（右）旧 LOGO

第三，大环境变化，企业和消费者沟通的理念发生变化。2015 年 5 月 1 日，万科正式启用第三代 LOGO，新的 LOGO 是以万科英文"vanke"取代了万科过去由 4 个字母"v"组成的方块标识。万科宣称，采用无图形、中英文字为主的设计，主要是与国际主流设计接轨，体现公司国际化、充分利用全球资源的发展方向。新标的线条字体清新柔和，表明万科将以更细致、更谦卑的姿态贴近客户。事实上，在进入 21 世纪以后，越来越多的公司将其 LOGO 由大写改为了小写。而这也正迎合了互联网时代企业和消费者之间关系的变化。

第四，品牌升级，或者发展到一个新的阶段时，需要以新的面貌来面对消费者。2015 年 9 月，"滴滴打车"更名为"滴滴出行"，并且借更名之机，推出了全新的 LOGO。品牌的价值创新会不断升级，当企业从产品提供转向服务甚至是解决方案时，也需要通过品牌形象的升级更好地传递。

第五，当企业遇到重组、并购等时，自然需要重新树立企业形象。比如，索尼和爱立信一起打造的"索爱"手机的视觉形象曾经是品牌史上最为成功的形象之一，半透明的小绿球清新而灵动。

图 7 - 5　滴滴出行 LOGO
图片来源：滴滴出行官网。

三　所有的应用系统都是一个触点

除了品牌的基础 VI 系统之外，品牌还有很多应用系统，比如名片、交通工具、建筑、员工服装、门店形象、手提袋等。在完成基础 VI 系统后，企业在应用系统的打造上往往只是从"审美"和延伸应用的角度来考虑。其实在体验时代，其往往会成为品牌的重要触点，对于品牌价值的外部传递，甚至在品牌话题制造上有重要的作用和意义。

第一，企业要明确行业当中最重要的、最能体现品牌价值差异化的应用点。不同行业应用系统中的不同要素的重要性各不相同，应用系统的要素有很多，要全部考虑其实很难，比如一个酒店的应用系统就可以达到 500 多项。不同的行业其应用系统中的要素也有不同的作用。一提到航空公司，很多人的第一反应是"空姐"的形象。而对于线下服装品牌来说，线下门店的形象往往是最重要的，而手提袋本身也是一个很重要的形象要素。对于一家银行来说，建筑往往是实力的象征。对于一家创意公司来说，其名片的重要性相对其他行业则更重要。所以，企业要明确自己所处的行业，找到行业中最重要的几项应用要素。

第二，有时候，一个应用系统中的一个点就能成为品牌提升的一个支点。中庸永远不如偏执和特色来得有成效。企业如果能在重要的形象要素上发力，有时候往往会获得意想不到的效果。这几年，在矿泉水和饮料行业，"瓶身包装"往往是一个重要的竞争点。于是，我们看到农夫山泉矿泉水利用长白山四季插图在设计上的发力，尽管费用不小，但是一个点上的"创意"和"突破"所带来的广告效应和价值，远远超过包装设计本身的费用。事实上，进入网络时代后，传播越来越难，信息很容易被湮没。此时，在一个点上的重点发力往往会造成一定的公关效应。在白酒行业都在强调自己是古法酿造、有深厚的文化底蕴的时候，江小白却凭借对消费情绪的深度挖掘，用酒瓶上直达人心的文案表达，为中国酒类品牌带来了新的生命和活力。"我把所有人都喝趴下，就为和你说句悄悄话"，"最想说的话在眼睛里、草稿箱里、梦里和酒里"，"我们总是发现以前的自己有点傻"，"不要到处宣扬你的内心，因为不只你一个人有故事"，"跟重要的人才谈人生"，"低质量的社交，不如高质量的独处"，"手机里的人已坐在对面，你怎么还盯着屏幕看"……堪称句句经典，字字入心。

第三，企业在做一个形象要素的设计时，往往还可以预先从传播角度来思考如何做好。比如，是利用设计师本身的影响力，还是打破行业传统的做法、有一定的创新性，抑或是其他的一些故事卖点？在越来越看重"故事"的时代，设计本身的故事性也将成为一个很好的品牌形象或价值的传递点。优衣库品牌的价格是低的，但有较高的格调，其中部分原因在于优衣库的设计故事讲得好。

第三节　品牌价值的内部表达

如果说品牌的 VI 系统更多的是品牌价值的外在形象表现，那么，品牌同样需要对内的价值表达或者构筑，也就是品牌的内部表达。也就是说，如何让员工真正理解品牌所想实现和传递的价值，并且让员工更好地成为品牌价值传播的载体。

品牌价值的内部构筑之所以重要，是因为在价值传递的过程中，只有理念和价值观相同的员工，才会给消费者带去真正的价值。正如迪士尼对员工是通过长期的培训打造一种由内而外散发出来的感染力和亲和力，并让游客能直接感受到。

同时，我们也要看到，在中国，品牌的内部构筑是一件很难的事情。原因有很多，比如，领导对品牌的理解和意识以及公司的企业文化和人力资源管理较为薄弱，甚至中国的文化特征导致中国人往往奴性意识过强，却缺乏是非观，也缺少平等的服务意识。但笔者认为很重要的原因有三个。一是品牌本身缺少明确的价值观和定位。公司文化不是挂在墙上的标语，公司的核心价值观也不应该是写在品牌手册里、束之高阁的口号。二是品牌内部构筑工作，和企业文化、人力资源管理工作密切相关。大部分企业在涉及跨部门合作时，往往会面临各种难处。三是缺乏好的方法。品牌内部构筑，如果仅仅停留在意识宣导和培训上，往往就会出现一些现象：员工能听明白，却不知道品牌和自己的工作有何关系、要求自己做什么。重要的是要明白，如何以品牌的要求去进一步"升级"自己的工作。然而大多数品牌培训师对企业内部管理、对员工的工作性质和内容也不熟悉，所制定的课程也缺乏针对性。同时，品牌内部的构筑最终要求的是行为的改变，而行为的改变是最难的，涉及改变员工的思维方式、改变公司环境、改变员工以前的工作习惯，无论是在理论还是实操层面，往往都缺乏高效的方法。

品牌的内部构筑和外部推广都是沟通行为，所以要取得良好的效果，需要遵循同样的沟通步骤和原则。

一　对员工进行细分，找到品牌和不同员工的结合点

在不同的行业，员工行为对品牌的影响有所不同。大众消费品企业，

相对较低；组织间交易的，像 B2B 行业，相对较高；而服务业无疑是最高的。同样，在同一个企业当中，由于所处的岗位和职务不同，其行为对品牌的影响也会有所不同。比如，和车间工人相比，销售人员的行为对品牌的直接影响更大；即便是同属于财务部门的员工，负责融资的员工肯定比成本会计对品牌的直接影响大。而中高层管理人员对品牌的直接影响往往比一般员工要大。在品牌的内部构筑中，所有的员工都重要，但也要对员工进行基本的细分。这样，才可以更有针对性地让品牌和员工的日常行为结合更紧密。同时，也能采用更好的品牌沟通方式。

2003 年，UPS 推出了新的品牌战略。从一开始，UPS 就决定让公司全部 360000 名员工都参与到品牌开发活动之中来。在正式推出品牌战略的那一天，UPS 举行了一个揭幕仪式，公司的最高管理层向公司包括全体员工在内的所有合作团队介绍新开发的 UPS 品牌。揭幕仪式在 UPS 全球所有的公司和分支机构同时举行，公司的交货中心还展示了重新设计的运输卡车和升降箱，航空运输网络中心也举行了一个航空运输机降落仪式，所有的航空乘务人员都身穿全新的制服。公司的所有员工都收到一个带有新设计的公司徽标的别针礼物盒、一封来自董事长的贺信和一个新品牌介绍文件，该文件解释了公司品牌转变的目的，并重点对企业和品牌战略进行了介绍。接下来，公司的每个工作团队都举行了专门的品牌讨论会，许多团队还开始联合探索他们如何才能对品牌战略的成功实施贡献自己的力量。同时，针对 30000 人的管理团队，UPS 进行了另外的培训，要求阅读一本叫《UPS：通向未来之路》的书。该书详细介绍了公司的企业战略和品牌战略，并解释了公司获得成功的基本原理。

二　让品牌定位和员工紧密相关，识别并定义品牌化行为

对员工进行了细分之后，接下来的关键在于使品牌的价值观、定位和员工紧密结合起来。设定目标，从品牌的角度看，即希望员工发生哪些改变，而这些改变既包括态度和思维层面的，也有行为层面的。从态度和思

维层面来看，要让员工意识到，品牌的建立对他的影响是什么，比如说，强势品牌有助于提升其社会地位，意味着他可以获得更高的收入，能够获得更多的社会资源，降低员工的工作难度，甚至有助于员工的职业发展。

态度和思维的改变是行为改变的前提。但是，仅仅有态度的改变是不够的。要给员工设置具体的方向，在品牌要求下将员工行为具体化。这往往需要和企业文化、营销等部门结合起来。以富士康为例。尽管郭台铭自己说不做品牌，但毫无疑问，"富士康"本身就是一个品牌。同时，因为身处代加工行业，在公众的视野中会显得低调些，如果没有"连跳事件"，富士康的知名度可能更低一些。也正因为身处代加工行业，郭台铭深谙代加工企业的成功之道："低成本＋高品质"，并且把品牌的这一价值发挥到了极致。同时在企业文化当中，郭将这一价值转化为了具体的员工行为要求：在富士康，员工不能自己洗衣服，而由公司统一清洗。对生产部门来说，产品的合格率必须达到"99.99%"。建立品质改革战斗营，所有人早上六点集合，晨跑、报数、合唱、喊口号、拔河、做游戏……白天一天的培训，晚上是报告和心得交流。在售后服务方面，一旦客户发现问题，富士康要求 3 小时内必须有所反应，设计 8 小时内必须反馈到工厂，工厂的品保单位则必须在 24 小时内拿出 8D 报告，然后赶到客户处，对 8D 报告中涉及的内容一项项审查。

同时，要改变员工的行为还包括对环境的改变。所以，每次品牌战略的提出或推广，往往都和组织的变革有关。2008 年，霍华德·舒尔茨带领星巴克进行的变革正是一次基于消费者体验的涵盖了企业文化、人力资源、营销、品牌的整体变革。

三 运用多种手段和方法，进行内部整合传播

品牌的对外传播有多种方法，如广告、公关、事件营销、微博等。品牌的对内传播也有多种方法。公司往往会根据企业的实际情况选择和公司企业文化相符的方法。比如，IBM 对自己的品牌内部推广一直引以

为豪。IBM成立专门的内部沟通部门，处理品牌内部推广的相关事宜。彭明盛2002年接任IBM CEO后，在公司网站上发起了为期两年的"IBM价值观的讨论"，并提出了"成就客户、创新为要、诚信负责"三条核心价值观。2005年出版了《品味蓝色》，这本书是IBM人自己的价值观集成。在IBM看来，如果员工要接受的东西是经过员工自己讨论得出的，那员工接受起来就比较容易。

2011年6月16日，索菲特酒店推出"品牌大使计划"，给每一位新入职的员工颁发"个人护照"，伴随他们在索菲特的专职旅程。而成立品牌大使计划的最终目的就是训练每位员工成为集团的品牌代表。此计划分为三个部分。

第一部分：Be Yourself。

为了强化和贯彻品牌的价值观，从招聘开始，索菲特就采取了全新的筛选方式，求职者的个性及相关技术都是考虑因素。而一批素质优良学生将于全球特选的15间酒店学校接受12～18个月的训练，并会得到索菲特管理的专业指导。

第二部分：Be Ready。

此单元包含了索菲特三个核心价值所需的培训课程：

　　√ 持开放精神：经过迎新活动后，所有新员工将探索整个品牌的奥秘。

　　√ 追求卓越：该课程将教授奢华体验的关键及提供有关管理手法的基本知识。

　　√ 快乐的精髓：贴心的个人化制订服务为品牌之精髓，让员工自主分析、考虑顾客的需要，为顾客带来惊喜甚至能超出客人的期望，务求提供独特及个人化的住宿体验。

第三部分：Be Magnifique。

此最后部分为额外自选训练项目，以助员工日后的事业发展。员工可接受个人长远发展评估，经详尽分析后获委派担任经理级人员，成为内部培训专员或业内认可之专才。

不管各公司创意及方法如何，其本质基本上都是类似的方法。日本的山田敦郎在《品牌全视角》一书中将各种方法分为两种：一种是刺激左脑型，一种是刺激右脑型。[①] 这种设计的目的是使员工用左脑"理性地"理解品牌是什么，用右脑"感性地"体会公司向顾客和利益相关者提供的品牌价值。也就是说，使员工的左脑和右脑之间产生"传球"的效果。特别是后者，让员工独立思考，自己动脑"尝试做事"、动手"尝试制作"是非常重要的。

山田敦郎做了如下分类。

1) 诉诸左脑的内部品牌构筑活动和场合：

　　√ 品牌研讨会
　　√ 品牌人格化行为研修会
　　√ 征集品牌论文
　　√ 品牌管理手册使用方法讲习会

2) 诉诸右脑的内部品牌构筑活动和场合

　　√ 参与型品牌会议
　　√ 品牌影像
　　√ 征集品牌推广口号
　　√ 灵活动用内部报纸杂志等（例如，开设品牌系列专栏等）

3) 同时诉诸左脑和右脑的品牌构筑活动和场合：

　　√ 品牌手册
　　√ 内部品牌网站

---

① 〔日〕山田敦郎：《品牌全视角》，申胜花译，格致出版社，2008，第102页。

在这些品牌内部推广活动中，内刊及品牌手册成为企业现在最常用的方式之一。但企业对内刊的定位往往不同。大部分企业仍把它当成信息传递的平台或者展示企业文化的舞台，甚至不少企业都将其作为领导宣传的窗口。做真正意义上的内部品牌推广的内刊还是比较少的。不少企业已开始进行品牌手册的操作，但是，如何做好一本品牌手册仍是一个值得探讨的问题。

四　品牌推广部门与 HR、营销等部门协同形成人员制度保证

"如果你想造一艘船，不要抓一批人来搜集资料，不要指挥他们做这个做那个，你只要教他们如何渴望浩瀚的大海就行了。"《小王子》里的这句话向我们强调了价值观和梦想的重要性。但是，在品牌内部推广中，仅仅告诉他们梦想是不够的。要对员工进行教育、培训，让他们在自己的岗位上兑现品牌承诺，这也就要求品牌推广部门必须和 HR、营销、企业文化等部门协同形成相应的制度和保证。

五　测量品牌行为改变的成效

除了制度化的保证外，还必须以一种数据化的方法测量品牌行为改变的成效，这就意味着行为的改变、阶段性成果以及是否奖励员工都必须以品牌的经营性业绩为指标。管理层衡量、认可和奖励什么，员工就会做什么。

以麦当劳为例。2002 年，麦当劳的股票价格从 1995 年 3 月的 45.31 美元下跌到 17.66 美元。而到 2003 年，只剩下 12 美元多一点。麦当劳从 1997 年到 2003 年的下滑并不是突然的，而是缓慢的，有原因的。比如，在面临同店营业额下降的问题时，麦当劳采用了不断开设新店、进入新的国家以及不断地用每月的促销和降价来增加短期的流量的措施。结果，餐厅的利润和收入因为同店竞争被稀释了，员工培训时间太短导致餐厅的服务质量下降，特许经营者也士气大跌。同时，麦当劳

不再关注品牌的有机增长，而是分散投资，但这些投资回报率普遍偏低。随着盈利压力的增长，麦当劳开始致力于成本的削减而不是品牌管理。当然还有环境变化的原因，顾客见识更多、疑心更重，更关心环保和健康问题，儿童的肥胖问题也成为当时社会关注的焦点之一。

为此，2003 年，麦当劳开始了品牌的重塑和转型。在麦当劳看来，品牌管理不是一个营销概念，而是一个商业管理概念。转型后的商业计划建立在三个支柱之上：一是品牌方向，即我们要去哪里；二是框架内的自由，明确如何到达目的地，采取什么行动；三是要有可衡量的阶段性成果。为此，麦当劳重新定义了组织焦点，重新阐述和明确了品牌宗旨和目标；加大对细分市场的研究，恢复品牌相关度，彻底改造品牌体验。最重要的是，麦当劳认为，品牌承诺不是依靠良好的动机就能实现的，而是要靠行动；品牌力和品牌忠诚度是可以衡量的，品牌形象是可以衡量的，品牌价值也是可以衡量的。为此，麦当劳提出了"平衡的品牌计分卡"，这一平衡计分卡考虑了经营成果指标，同时也考虑了品牌的销售额、市场份额和盈利率。麦当劳为五个行动方面的 P（人力、产品、地点、价格、促销）都创建了以顾客为基础的评估方法，而且针对每一个 P 设立了三年期阶段性目标：

　　√ 人力——标准包括服务速度和友好度评分，还包括减少与服务相关的投诉。

　　√ 产品——标准包括对食物的温度和新鲜程度的评分。

　　√ 地点——标准包括对达到有史以来最高清洁度的评分。

　　√ 价格——标准包括对提升顾客所获价值的评分和餐厅形象。

　　√ 促销——标准包括提升品牌知名度，并且使快乐儿童餐的平均销售额达到有史以来最高。

品牌的平衡计分卡被当成一个志向，用来确定下一步应考虑的重点，从而持续取得进展。

第八章　品牌传播之道

重回本质
品牌的价值思考

在很多企业家的观念里，做品牌就是做广告，就是传播。所以，一讲到做品牌，他们就认为是砸钱做广告。事实上，有钱不一定能做成品牌，没钱也不一定做不出品牌。知名度和美誉度的达成很多时候都和传播密切相关。和企业其他经营要素相比，品牌传播的意义在于把企业做的事情，更好地传递和展现给客户，让客户对企业产生好的认知和印象。

企业的传播行为往往追求几重目标。一方面，传播肯定是为了销售。再好的广告，如果最终对销售没有帮助，那就不是好广告。另一方面，传播或者说广告还能提升品牌知名度、认知度，甚至带来品牌美誉度的提升。好的传播行为，既能促进销售，又能提升美誉度。次一点的传播行为则只能完成某一方面的目标。

比如，农夫山泉水溶 C100 的广告，不论是最早的一支广告片"柠檬从来都不是用来吃的"，还是第二支的"五个半柠檬"，都让观众在喜爱广告本身和产品之余，有效地传递了品牌的价值主张，快速有效地拉动了销售。可以说，农夫山泉确实是中国最会做品牌传播的公司之一，其后推出的"找水的故事"广告片本身拍得有滋味，也让消费者认知了农夫山泉本身产品的本质。而中国很多广告要么虽然让人记住了，却引起很大争议。比如，2015 年浙江卫视中国好声音的"标王"——优信二手车，尽管引发了全民讨论，但无疑这是支会损害品牌形象的广告。要么虽然拍得很唯美，或是很有创意，但最终难以让人记住产品。所以，伯恩巴克讲，一个好的广告必须具备 ROI，即相关性、原创性和冲击力。这一点放到今天来看，仍是对的。

既然讲到了传播，便离不开传播的"五要素"。俗话说，广告是在正确的时间、正确的地点、针对正确的人、用正确的方式、说正确的话。这正是美国学者 H. 拉斯维尔提出的构成传播过程的五种基本要素，并按照一定结构顺序将它们排列，形成了后来人们称之为"五 W 模式"或"拉斯维尔程式"的过程模式，这五个 W 分别是英语中五个疑问代词的第一个字母，即 Who（谁），Says What（说了什么），In Which Channel（通过什么渠道），To Whom（向谁说），With What Effect（有什么效果）。

这五要素构成了广告运动或者说品牌传播的全部内部。对每一个要素的把握程度都是广告运动能否成功的关键，也是影响品牌传播效果的重点。传播的失败，要么是没搞明白自己的传播对象，要么是说错了话，要么是用错了方式，要么是传播渠道选择错误。

由此可以看出，对于广告而言，拉斯维尔定义的五项分析具有重要的意义，五要素构成了广告运动的全部内容。这五个 W 对广告效果进行了系统的研究，对每一个要素的正确把握是广告运动成功的基础。要提升品牌传播的内容，重要的便是对这五点能做深入而有效的研究。不论是一场大的传播战役，还是一篇小的微信文章，都是如此。本章将从大的角度来探讨在传播中目标制定的重要性，以及在移动互联网背景下，媒介、品牌传播方式发生了什么样的变化。

第一节　传播目标的制定

都说广告是戴着镣铐跳舞，其实，这镣铐并不只是束缚，更是目标。只有戴着镣铐，才能把这舞跳得更好。要让传播效果好，就必须做好传播目标的制定。越清晰的目标，越容易达成。所以，什么是好的传播？完成企业传播目标的传播才是好的传播。

要做好品牌传播，必须做好以下几点。

一 明确企业现状及问题，分析增长来源

传播的第一要素是"谁"在传播。企业传播的初始点往往是为了解决某一问题，说得再直白点，可能就是为了销售增长。传播目标制定的第一步往往是销售及利润的现状分析。

所以，企业要先明白，公司未来的销售增长来源于哪？是为了增加产品销售的总量，还是提高销售价格但不追求量？是增加每个产品的毛利，还是增加市场份额？

从成长战略的角度来思考，企业可以从市场和产品两个划分维度得到相应的四种战略，并思考未来的成长空间在哪。

1）现有产品，现有市场：用现有产品，在现有市场提升销售额。要达成这一战略，一般有两种方式：提价，增加现有市场的消费频率。配合这两种方式，传播也应该有不同的目标，比如是让现有消费者接受更高的价格，还是让消费者消费更多？"今天你洗头了吗？"这句广告语的目标无疑是后者。

2）现有产品，新市场：企业可以让新的消费群体来购买其产品。比如，强生的婴儿护肤品就曾经做过一个广告，专门推荐给成年女性。

3）新产品，现有市场：针对现有客户群推出新产品，是企业用得较多的策略之一。比如，九阳之前是做豆浆机的，后来开始针对消费者推出家用小电器。这也是品牌策略当中用得最多的品牌延伸策略。当一个品牌在现有消费者心目中建立起信任后，便可以考虑推出新产品。

4）新产品，新市场：将新产品推向新市场。对大多数企业而言，采取这种策略，要么是迫不得已，要么是看到了新市场机会。

所以，当我们制定传播策略时，第一步要考虑的就是我们的商业策

略，商业策略越清晰，传播目标和策略就越精准。

二　准确描述目标消费群体

商业策略清晰后，我们就要更加精准地描述目标消费群体。在咨询过程中，笔者经常听到企业说，我们的目标人群是文艺青年，我们的目标人群是商务人士，我们的目标人群是城市的白领，等等。这样的目标消费群体描述几乎是无效的。

要准确地描述目标消费群体，需从不同的维度多加考虑。

√ 人口统计学标准

√ 文化、心理学标准

√ 品类态度

√ 消费者的购买习惯

√ 消费者的使用习惯

√ 消费者的购买决策行为

……

在运用这些维度进行描述时，运用叠加的维度越多，对目标对象的描述越精准。同时，在运用具体的指标考虑时，将指标的颗粒度划分得越细越有助于描摹。假设我们希望了解目标人群的价值观，但价值观一词仍是非常泛泛而粗略的，如果缩小至类别的价值观则将更加清晰。

三　分析消费者的认知现状

品牌的消费者认知现状，可以从两方面来看。一是消费者对品牌的第一提及率、知名度、忠诚度、美誉度等。这个在前文已有阐述。这里重点谈谈第二点。

一般来说，我们会将消费者的意识分为三块：一是认知，二是态度，三是行为。在传统的行为学研究中，消费者往往是先有了认知，比如说听过某个产品，了解其特点或卖点，然后对其产生喜爱，最后是购买。当然，今天的消费者购买已经可以从任何角度切入，比如说，先是通过某种促销活动，让消费者直接发生购买行为，然后再通过使用从而产生这东西不错的态度，并且记住了产品的名称。但事实上，现实中的行为比理论上复杂很多，而且更多的时候是行为决定了态度。买了一件东西的顾客会拼命证明自己行为的正确性，并向他人推荐。就像恋爱中的女人会想尽一切办法来证明自己找的男朋友是对的。所以，不管是认知，还是态度，或者是行为，都可以成为传播的目标。比如说，面对一款洗发水，我们希望通过广告让消费者意识到洗发水中硅油的危害性，或者这个广告能够获得某某明星的一部分粉丝的喜欢，或者通过这个广告让一部分人产生冲动性购买或尝试性购买。

所以，在分析消费者现状时，我们也可以从认知、态度和行为三个角度进行现状描述。

四　界定传播任务

当我们明确了我们的商业策略，也精准定位、描述了我们的目标人群及他们的现状，接下去就是要界定我们的传播任务：是改变消费者的认知吗？消费者原来对品牌的认知是什么？现在希望达成的认知是什么？希望消费者看到这个广告后的感觉是什么？是快乐，感动还是喜爱？我们希望消费者从原有的购买行为，转变成什么样的购买行为？

比如，"消费者以前总是认为美体内衣是很紧绷的，我们怎么让她们认为我们的美体内衣是不紧绷的"；

"消费者总是喜欢喝瓶装的精酿啤酒，我们要告诉他们最适合精酿啤酒的方式应该是桶装的"；

"如何用最少的钱，让福建的旅游爱好者，知道海坛古镇这个地方？"

"如何让妈妈们觉得，强生婴儿护肤露她们用了也很好？"

……

事实上，目标定得越细，越精准，传播效果也就更容易获得。

五　开发传播创意

当我们已经清楚了上述内容后，便可以开始进行广告创意。何为好的广告创意？前文已提到，伯恩巴克提出了"ROI"原则，即相关性、原创性和冲击力。相关性是指广告或产品要和消费者有关联；原创性是指要突破常规，与众不同；冲击力也就是指传播要能冲破消费者原有的认知壁垒，能带来消费者在认知、行为或态度方面的改变。

六　制订传播计划（内容、经费、人力、媒体等）

任何传播行为都是有其时间的、空间和金钱上的束缚的，所以传播行为永远没有最好，只有最合适。在制订传播计划的时候，需要将我们已有的资源——内容、经费、人力、媒体等进行匹配，同时考虑实际的业务需求和发展来安排时间节点，这样就可以制订一份合格的传播计划。

第二节　体验即媒介

不论是广告还是公关，也不论是电视、广播、报纸、杂志、户外、网络或者移动端，传播终归是离不开媒介的。在西方营销史上，报纸时代、电视时代、互联网时代和移动互联网时代的媒体不同，导致了企业传播内容、方式的不同，甚至影响了企业的营销方式。而在中国，纵观营销几十年的历史，媒体一直在变，但主流大体可分为电视时代、互联网时代和移动互联网时代，中间穿插着分众传媒及广播媒体的崛起。尽管媒体一直在变化，但可以看出影响媒体变迁最核心的还在于人——人在哪，媒体就在哪，人的数量、质量以及人当时所处的状态决定了媒体的价值。比如，随着人的注意力转向网络和移动端，网络和移动互联网的价值也越来越大。所以，要研究媒体的价值，还是要研究关注媒体的人，也就是我们说的"受众"。

一　受众的数量、质量以及所处的状态

任何一个媒体效果的评估，都可以概括为两方面：定量和定性。

定量包括受众的数量，也就是这个媒体所能面对或影响到的受众数量的多少。从最早的电视观看人数、互联网时代的点击率一直到微信公众号的阅读量，都是在追求"数量"。在媒体投放中，千人成本、到达率、点击率、转化率等都是从量化的角度进行评估。但是，数量越大并不代表着一个媒体越有价值，数量越小也不代表一个媒体就越没有价值，因为除了定量的分析外，还有定性的价值分析。

定性的价值比定量更难以客观衡量。首都机场的户外广告牌为什么那么贵？除了其人流量大之外，更有出入首都机场的人群比较高端的原因。中央电视台财经频道的广告费贵，是因为财经频道所针对的观众经济实力更强。甚至有段时间，小学生的作业本都有人在琢磨做广告，而这无疑是因为作业本对小学生群体有高度的影响力。所以，定性的价值包含着受众的经济实力、教育水准、社会阶层以及群体的精准针对性等。

除了定量和定性之外，媒体的效果有时还依托于受众在接触媒体时所处的状态及接受行为。国外的学者曾经研究，在足球世界杯赛上，上半场结束后的第一个广告效果并不好，因为观众的情绪还停留在比赛上，对广告的注意率并不高。分众传媒的兴起则是因为其抓住了受众的一个状态：等待的无聊时间。而此时，受众对广告内容的接触意愿是很高的。

人们常说"万物皆媒介"，于是，我们看见媒介的种种开发：镜面广告、擦鞋机广告、作业本广告、复印纸广告、盒饭广告、真人广告……未来新的广告媒体形式也许会越来越多，在跨界联合的背景下，所有事物都可以成为媒介。但判断媒介的标准或方法还是逃不了定量、定性以及受众当时所处的状态。

二　驱动信息传播的四种动力

企业想到传播就更容易想到广告，想到广告就很容易想到钱。但信息是如何传播的？今天对传播的研究主要侧重于大众传播和个人传播。但推动一个企业信息传播的驱动力无非有四方面。

第一，钱。这也是今天大部分广告的运转机制。也是很多人认为"没钱就不要做品牌"的很重要的一个原因。确实，只要有钱，能够在媒体上投放更多的广告，一般都能砸出一定的"传播效果"。这也是中国品牌之前很重要的成功模式。以至于今天叶茂中被人津津乐道的"三板斧"，其中重要的一条就是央视广告以及"没有一个亿的投入就不要来找我"。

第二，权。当然，这个更适用于政府公关层面。政府拥有这样的权力，可以促使信息的传播，但对于企业来说，一般是没有这个权力的。

第三，创意。所谓创意，就是当大家看到这个广告时，愿意主动分享、谈论。史玉柱曾经就说过，一个广告片不仅仅是传播，更重要的是要让大家去谈论这个广告或者产品。第一次传播往往是企业用真金白银买回来的，但如果能引发社会和受众的跟风，就可说是一次相当成功的传播。比如，凡客体的广告。

让受众愿意主动分享和谈论的原因很多，有时候是因为恶俗，有时候也是因为让人惊艳，有时候是因为直击受众心理。韩国2%矿泉水曾经邀请全智贤和赵寅成拍过一个广告片，演绎了一个爱情故事，并提出"爱情总是饥渴"的，和品牌价值完美结合，"爱情故事＋明星＋创意"

的组合让很多人愿意主动分享这个广告片。有时候是因为广告片本身出乎意料，开了先河，比如聚美优品的"我是陈欧，我为自己代言"。当然，有些时候，也会因为广告太"烂"，比如某二手车交易平台的广告。

第四，媒体（新闻公关）。这个媒体也可以折合成企业家个人的人脉资源。中国人向来喜欢跟风，小米很火的时候，大家都认为，我们可以学小米，但是，大家往往忽略了一个事实：小米 CEO 雷军个人所带来的公关效应。虽然没有真正统计过，但是媒体对雷军的报道，如果折成一笔公关费用，将会是不小的数目。而大多数公司是没有这样的新闻影响力的。

综上所述，企业在做传播之前，应该先分析一下自己所有的资源：是否有足够的钱？抑或是有足够的名人效应？或者商业模式有足够的创新性，抑或是非常懂得抓话题？如果说，企业既没有太多的钱，又没有名人效应，那在传播层面能做的，便是尽可能提高广告传播的效果，同时，紧紧思考如何抓住社会话题，引发大家的讨论和交流。

三 四种信息传播模式

如果说推动信息传播的模式主要有四种，那么，所有的传播又可以按照公开化还是个人化、被动接受还是主动接受这两个维度分成四种。

第一种：被动接受，公开化。对于受众而言，信息是被动接受的，并且，借助的是大众化的媒体。传统的电视、报纸、广播等都是这样的模式。企业主动将信息推送到受众面前，但受众对信息容易进行"信息过滤"。同时，从企业层面来言，这种传播也很难做到打动每一个人。尽管今天已经进入移动互联网时代，但很多广告仍还是以公开化的被动接受为主。比如，今天出现在移动端的大量展示广告。

第二种：被动接受，个人化。对于受众而言，信息是被动接受的，但是，信息却是个人化的。比如，手机短信，是针对消费者个人的消费心理和行为所发送的广告。再比如，在淘宝的广告中，可以做到在主页面上，写上消费者的名字。这样的广告形式，很容易让人感觉，广告只是直接传达给消费者个人的，效果通常也是非常之好。现在网络的定向广告都是在努力往这个方向走，即通过足够多的"维度"细分，试图让广告无限接近"个人化"。这样的传播方式，如果做得好，效果是非常棒的；但是如果做得不好，反而会让消费者产生反感，因为有侵犯其隐私之嫌。

第三种：主动搜索，公开化。有时候消费者会主动搜索和企业相关的信息。比如，通过百度网站、贴吧等获取信息。这些信息多是企业展示在互联网或者移动互联网上的官方信息，对于大多数企业来说，这些信息是必备的，也是企业形象的一部分。虽说消费者主动搜索产品信息的概率并不高，但会主动搜索的消费者往往都对品牌本身有极大的兴趣。

第四种：主动搜索，个人化。当消费者主动搜索，并且希望和企业进行个人化的沟通时，这时候的信息传播无疑是最强的。如果我们把"媒体"的思路放开，就会发现，一线员工、淘宝店的店员等，甚至是微信，都是企业最好的"人媒体"所在。而且消费者愿意主动搜索，说明其对品牌本身有一定的关注度。

在这四种传播中，传播效果最差的无疑是第一种，而最有效的肯定是第四种。在互联网和移动互联网时代，越来越多的消费者可以直接和消费者对话。而第四种传播方式也已成为企业真正需要投入更多资源的传播方式。在和很多客户的沟通中，企业往往愿意用500万元的广告费去投电视媒体，但却不愿意增加100万元的人员成本去构建和客户的沟通体系。企业花了很多钱去投大众广告，却被糟糕的一线员工破坏了品牌。很多时候，员工的素质和能力无疑是阻碍企业转型升级的最重要因素。

四 体验即媒介

很多人认为，互联网给企业建设品牌带来了便利。其实不然。对企业而言，互联网的开放带来消费者体验触点的增多，企业越发难以靠一个点取胜。今天的品牌要靠体验取胜，而每一个体验点都可以看成一个媒介。所有的体验也都涵盖在四种传播模式当中。未来，在企业的经营要素中，"混合化"将成为一个很重要的特征。比如，在农夫山泉的新包装中，也许看起来只是一个传统的包装设计，但是农夫山泉让这个包装设计最后成了一次公关传播事件。当企业把某个体验点做得特别出人意料时，这个体验点也就成了受众转发的媒介和载体了。

那对企业来说，如何做好体验？大致可以遵循以下几个步骤。

第一步：梳理影响客户购买的问题点及影响客户体验的全部触点。

以消费者的行为顺序为流程，传统的 AIDMA（Attention，注意；Interest，兴趣；Desire，欲望；Memory，记忆；Action，行动）逐渐不再适应网络化的传播特质。因此，日本电通公司提出了含有网络特质的 AISAS 模式（Attention，注意；Interest，兴趣；Search，搜索；Action，行动；Share，分享）。[①] 在全新的营销法则中，两个具备网络特质的"S"——Search（搜索）和 Share（分享）的出现，指出了互联网时代搜索和分享（Share）的重要性，而不是一味地向用户进行单向的理念灌输，充分体现了互联网对人们的生活方式和消费行为的影响与改变。

企业也可以沿着这条逻辑线将消费者的每一个问题点都罗列出来。以面板开关为例。

---

① 〔日〕电通跨媒体沟通开发项目组：《打破界限：电通式跨媒体沟通策略》，苏友友译，中信出版社，2011，第 55 页。

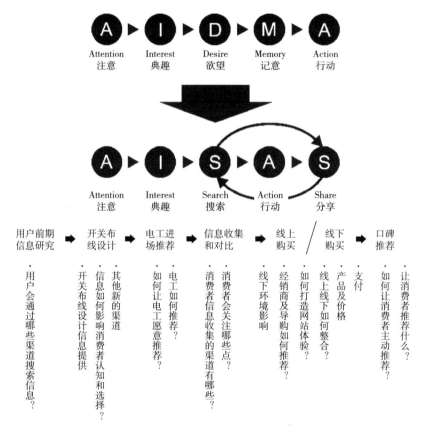

图8-1 消费者关注的问题点——以面板开关为例

进一步细化所有的客户体验点。

第二步：评估消费者在每个体验点上的感受。

当我们把体验点大致罗列出来后，我们可以测量和评估消费者在每个体验点上的感受。这些渠道主要有：

✓ 征求客户关于公司体验的反馈

✓ 收集整理来自客户体验的主动反馈

✓ 收集员工同客户之间的互动信息

✓ 在自然环境下进行观察性研究

✓ 用一种便于员工理解的方式整理客户认知

✓ 共享客户认知给员工

消费者的体验点	1.前期用户信息研究 （1）装修网站帖子 （2）百度搜索引擎 （3）周围人推荐 （4）网络广告 （5）移动互联入口	2.家居设计 （1）开关面板布线设计 信息提供 （2）其他信息提供	3.水电工进场推荐 （1）水电工是否推荐 （2）推荐说辞 （3）品牌形象认知
4.信息收集 （1）官方网站（微信、微博等） （2）产品外观 （3）产品品质 （4）产品功能设计 （5）产品趣味性 （6）价格 （7）服务	5.线上购买 （1）淘宝易搜索度 （2）网页设计 （3）产品介绍 （4）促销活动 （5）好评及销售额影响	6.线下购买 （1）装饰市场广告 （2）店铺形象 （3）产品陈列 （4）导购技巧 （5）支付 （6）送货及售后 （7）线上线下信息整合	7.推荐 （1）推荐平台 （2）推荐点 （3）推荐利益机制

图 8 - 2　消费者的体验点——以面板为开关为例

而如何打通这些渠道信息传递的路径，便是企业需要思考的问题。

第三步：结合企业的策略，修正、调整或创新客户体验点。

当企业梳理出所有的体验点，并能尽量准确地测量出客户在每个体验点上的体验感时，接下来便是思考如何去改进客户体验点。但是，企业在这一过程中，往往犯和以前广告投放时同样的错误。在之前的广告投放中，企业最易犯的错误是平均主义的撒芝麻，结果，任何渠道的广告都效果不明显。在体验的打造中，企业很难将所有的体验点都做到位。原因有三。

第一，所有企业的资源都是有限的，大部分企业没有足够的资源和能力——而且那样做成本会非常之高。

第二，行业的体验点多半相同，但是，在每个体验点的体验感的差异，往往决定了品牌价值的差异。比如，同样的酒店行业，五星级酒店在大堂、早餐等地方的体验感和经济型酒店大相径庭。在经济型酒店看来，商旅者对早餐并不是特别看重，他们也不需要富丽堂皇的大堂，以更具性价比的价格提供给客户"舒适的睡眠"便可。

第三，人的心理和行为很多时候并不是很理性的，各方面都很好的体验曲线往往比不上一条曲折的曲线更让人记忆深刻。所以，企业有时需要特意地将体验曲线变成一条起伏的曲线。在体验的打造上，有个理论叫"峰终体验"，也就是说，在一个体验感中，最让人记忆深刻的是"峰点"和"终点"。"峰点"也就意味着企业要在某一个点上打造出自己的"绝对长板"，超越所有竞争对手，让人印象深刻；而"终点"则是利用人的短时记忆特征，只要"终点"的体验感不错，前期的糟糕的体验感都将更易得到原谅。

所以，此时企业应该结合自身品牌的价值定位、资源，来综合考虑如何打造出一条完美的"峰终体验"的起伏曲线。

第四步：提升关键体验点，并做好测量。

规划好了体验点，接下来便是"管理"。而管理最重要的便是如何测量。所以，企业此时可以做好两件事：第一，收集关于客户每项体验的描述性指标；第二，做好基于客户关键行为和体验要素之间关系的测量和分析。

第五步：内部管理及文化的协同。

好的体验最终是要靠企业员工实现的，所以，做好内部管理和文化的协同是好的体验最终实现的关键。这就要求企业在内部管理和人力资源方面能做到以下几点。

内部管理方面：

（1）在全公司内部统一认知策略；

（2）促进跨组织的协调工作；

（3）公司内部收集并分享经典案例；

（4）建立非正式奖励机制和庆祝活动，树立客户体验楷模；

（5）建立正式奖励机制。

人力资源方面：

（1）有专人负责提升客户体验的计划；

（2）提供培训，帮助新老员工获得在公司客户体验策略方面的必要技能；

（3）在衡量员工表现时，可以参考其在客户体现实现中的表现。

第三节　碎片化时代的传播

互联网深刻改变了人类社会。如今，人与人的社会交往正在跨越基于居住地、职业及行业、血缘等的模式，变为基于兴趣爱好、价值观等的新范式。人与人之间的交往、聚居开始变得更为复杂和多样化，既有传统的基于地域、职业及行业的，更有以价值观和兴趣爱好为主要纽带的。

从传播效果衡量来看，有广度和深度两种。在大众传播时代，我们更关注的是广度的传播。而在碎片化时代，传播开始走向深化：企业需要花费更多的时间和人力与消费者进行对话。企业之前的思考模式是获得海量的关注度，最终的转化效果取决于消费者。现在，企业需要从发布广告的思维模式转向为社群提供服务的模式，真诚地帮助用户，构建基于兴趣或产品的圈子（社群），获得用户的信任。据此，唐兴通提出了移动互联网时代的新传播法则：4C 法则，即企业在适合的场景下，针对特定的社群，通过有传播力的内容或话题，结合社群的网络结构进行人与人的连接以快速实现信息的扩散与传播，最终获得有效的商业传播及价值。[①] 在互联网上，最有效的营销办法就是将特定的人群一群一群地"端掉"。所以，要深刻理解移动互联网的传播之道，必须深刻理解传播所呈现出来的五个特征。

一　个人化：以人为本

从理论上来说，结合大数据，移动互联网是可以最后细分到单个人

[①] 唐兴通：《引爆社群：移动互联网时代的新 4C 法则》，机械工业出版社，2015，第 2 页。

的沟通和传播的。从大数据的分析来看，我们可以知道躲在手机后的个人行为如何。在之前的大众传播时代，我们只能通过"概率"和"推测"来找到目标消费者，但是，在移动互联网时代，企业可以通过某些"行为"精准地知道消费者的需求。比如，我们知道某人在某个时间点买了车，那么接下来，他必然会有买车内饰的需求；一个人买了房，接下来可能就有装修等一系列需求。

虽然实现真正的个人化传播有点难，但是，至少在传播当中开始呈现出一个特点，就是对消费者的维度细分越来越细，比如，在一个游戏公司，会有100多个维度去做消费者细分。

所以，企业在传播的过程中，应该在一次传播活动中，尽可能多地设定细分要素，更有针对性地分析某一人群的认知和特点，从而更好地实现有效传播，提升传播效率。

二 场景化：传播的精细化管理

场景不等同于销售渠道，它是由人、地点、时间等多重维度界定出来的一个小世界。需求有场景化，传播同样要有场景化。举个例子，同样的一个公交站台，在下午五点半和晚上11点的时候，同一个产品的广告，是否应该呈现不同的内容呢？很显然，我们会发现，在技术可实现的条件下，应该有所区别，因为在下午五点拥挤的公交站台上等车的人和晚上11点在几乎无人的站台上等车的人的心情是不一样的，即便是同一个人，可能也会不一样。所以，有效的传播更应该将受众接受信息时的具体场景以及这个场景对消费者心理的影响因素考虑进去。

2016年，"今日头条"发起了一场"场景化"广告运动。在同样的品牌策略之下，在不同的场景下，传递不同的广告，比如，"今天车上好多人，看今日头条"；"今天上图书馆，看今日头条"；"今天不上班，看今日头条"；"今天走楼梯，看今日头条"……这一系列广告语在短时间内投放于线上和线下，激起了大规模的讨论。在很多人看来，这样一条条小学生就可完成的文案，是如何获得认同并通过内部审核出街的？

今天我们并不讨论这个广告是好还是坏，因为这个广告能激起人们的讨论，很重要的一点还在于大规模的广告投放，从而引起关注和讨论的。但这广告给笔者的最大感受在于，终于有品牌开始考虑广告的"场景化"：能在不同的场景中，更加注重即时即地地与目标消费者沟通。

三 故事化：情感冲击力

在信息随处可得的时代，一种能力变得越来越重要：把这些信息置于某一情境中，使之具有情感冲击力。这就是故事力的本质，即情感化的情境。所以，故事的传播和场景有着相对应的关系。而要讲好一个品牌的故事，而不仅仅是一个故事，最重要的是，首先你必须知道，你的品牌代表着什么？它不仅仅是一个定位，更是一个在情感上可以引起大家共鸣的点。比如，苹果的"Think different"，支付宝的"知托付"，大众银行所讲述的"大众自己的故事"，等等。

企业有很多故事可以讲，最重要的是讲好开场故事。在进入一个新市场前，或者推出新产品、企业转型升级时，都需要一个强有力的故事来告诉你的消费者，我们为什么要这么做。如何去讲好一个故事？描述故事结构的方法可以简单概括为：背景、错综复杂的因素以及攻破难关。悉德·菲尔德被誉为好莱坞故事模板之父。菲尔德在《电影剧本写作基础》一书中对"三幕式结构"进行了介绍。

第一幕：设立故事情境、介绍故事角色、建立人物之间的关系，构筑英雄人物未达成的愿望，以此完成故事的整体布局。

第二幕：描述通过冲突结合在一起的戏剧性环节，剧中的主角遇到了阻碍，难以达成他（她）的愿望（剧情需要）。

第三幕：解决冲突。这并不意味着结束，而是揭开谜底。①

而另一个更为人熟知的故事模型是"英雄征程"模式。源自乔瑟夫·坎贝尔的神话研究。处在平凡世界中的英雄，受到冒险使命的召唤，尽管开始不情愿甚至拒绝召唤，但在获得导师的激励后，勇于跨入非凡世界的第一道门槛，随后历经重重考验，遇到盟友及敌人，接近洞穴最深处，面临严峻的挑战。然后大功告成，重返平凡世界的路上被追杀，历经重生，发生转变后带着造福平凡世界的恩惠或财富归来。②

在价值创新时代，在这个从 0 到 1 的时代，企业家往往需要打破常规，去发现、创建新的价值。几乎每一个企业家都在思考如何去创建新的价值。所以，故事化的讲述，让自己成为英雄（当然，也有人反其道而行之），就成为品牌故事中最为关键的环节。所以，企业在讲自己的故事的时候，必须思考明白以下几点：

第一，聚焦于一个英雄角色；

第二，我是谁？拥有的伟大想法是什么？我们想改变什么？

第三，我能为你带来什么价值？为什么我和别人是不一样的？

第四，我的能力何在？我有什么？我能做到什么？我将做到什么？

除了开场故事之外，企业还可以学会讲述创始人的故事、产品的故事、员工的故事、消费者的故事、社会的故事等。

创始人的故事和品牌开场故事有点类似，更多的是聚焦于创始人的价值观。在品牌创新的时代，创始人的价值观差异将导致行业价值的差异。

互联网时代的常用策略之一就是打造极致单品。所以，如何讲好产品的故事至关重要。不论是产品开发的过程、产品的原材料、产品的理

---

① 〔美〕悉德·菲尔德：《电影剧本写作基础》，钟大丰、鲍玉珩译，北京联合出版公司，2016，第 124 页。

② 〔美〕Nancy Duarte：《沟通，用故事产生共鸣》，冯海洋、刘芳译，电子工业出版社，2013，第 32 页。

念，甚至是产品的历史，都可以成为品牌故事绝好的原料。罗永浩除了卖情怀之外，还是一个讲故事的高手，在谈笑风生、一派逗乐中，把锤子手机的产品卖点——展现。比如，说服富士通的总工程师五十岗千秋的过程，便体现了锤子手机对产品品质的极致追求。

有时候，产品自己会讲故事，这便要求企业将故事的理念融入产品的设计中。浮力森林是一家做蛋糕面点的公司，将扑克牌、麻将以及象棋融入产品的开发中，让产品本身具有了戏剧感，从而实现了"自营销"。

在服务行业中，员工是企业品牌塑造的一个关键环节，而如何讲好员工的故事，也是非常重要的。在农夫山泉寻找水源地的广告当中，方强的广告片可以说是一个好故事的典范。通过方强的个人经历，我们看到了农夫山泉水源地的纯净，从而更有效地传递了品牌的价值。

很多企业到年底会进行员工表彰，记录员工的好故事。但是，很少有企业会想到把员工的故事当成品牌传播的重要组成部分。当然，对外讲述员工的故事时，一定要能结合而不是违背品牌的价值观。

品牌还要学会讲述消费者的故事，通过讲述消费者自己的故事，可以更好地和目标消费群体形成共鸣。多芬的《致闺密》讲述了女性消费者和闺密的故事，让更多的女性消费者在别人的故事中被自己感动。

品牌还要学会抓住社会中出现的一些新现象，洞察社会问题，讲述社会故事，跟文化当中更为宏观的对话联系起来。《母爱37度》讲述的便是这样的一个故事。越来越多的中国女性开始意识到母乳的价值，但是一个残酷的现实摆在眼前：大多数妈妈只有三个月的产假，如果要继续母乳喂养，只能选择"背奶"。《母爱37度》敏锐地抓住了这一社会现状，讲述了背奶妈妈在生活中遇见的各种问题，引起了女性的心理共鸣。

自卖自夸式的叫卖已经越来越难获得认同感，如何更好地讲故事，是品牌获取信任的关键。

四　互动化：有互动，才有关系

互联网让企业有了直接的和消费者互动、获得反馈的通道。但互动反馈并不是互联网的创新。在企业的传播和营销中，互动反馈从来都是很重要的一件事。以史玉柱打造脑白金为例，史玉柱非常重视每篇软文刊登出去后的反馈，虽然当时受限于技术，主要通过每篇软文刊登出去后所获得的来电数来探知客户的反馈，但正是因为这样的理念，史玉柱的传播效率大大提升。

而互联网让企业和消费者对话更为快捷便利。不论是微博、微信、网站这样的企业自媒体，还是豆瓣、知乎等消费者聚集的社群，都让企业拥有了和消费者（客户）直接沟通的渠道。同时，技术的发展，让企业传递的内容可以借由人机互动实现和完成。移动手机有很多高端的智能感官，比如 NFC、蓝牙、GPS、电子罗盘、陀螺仪、红外线、温度传感器、压力传感器、距离传感器、加速度传感器、光线感应器、重力传感器等。这些技术都能激发创作者的营销互动创意。不过，这些技术不是互动的本质。要做好互动，核心仍在于找到目标消费者，根据企业的营销目标，吸引目标消费者产生相应的点击、了解及购买行为，鼓励消费者参与产品或品牌的互动环节，挖掘消费者的相关兴趣、思想等内在内容。目前的互动形式主要有以下几类。

（1）在线下以新颖的互动活动吸引消费者参与（路演、游戏等）。

比如三星 GALAXY S4 户外活动《盯住得大奖》。三星联合瑞士电信公司在街头开展了一项有趣的活动，路人只要在各种干扰下盯着荧幕达到一定的时间，即可以获得三星 GALAXY S4 手机一部。阿迪达斯举办过一次线下广告促销活动：跳高得球鞋。为了推广旗下德里克罗斯的签名版篮球鞋，阿迪达斯在本次活动中邀请球星德里克罗斯到场，而互动现场是"束之高阁"的篮球鞋，那些够得着的用户就可以把鞋子拿走。

Molson 啤酒开发了一个特殊的冰箱，邀请路人对着冰箱的麦克风唱国歌，如果有完整地唱完，那么冰箱就会免费送啤酒。活动的目的是庆祝 7 月 1 日加拿大国庆节。

（2）在线上与新型的社区网络（如豆瓣）合作进行线上互动（设置活动、小组等）。

新型的社区网络，例如豆瓣，是中国最具特色的文化、兴趣、评论和分享创新社区。在这样的社区，用户根据自己的兴趣爱好等，自觉给自己"贴上标签"。在这样的平台上进行互动营销，不仅目标消费者更加精准，而且消费者也更乐意接受。

每年在豆瓣上进行的互动数不胜数，各种品牌纷纷想通过与这样的创新型社区合作以赢得消费者的关注。

例如，ThinkPad 携手豆瓣，从摄影、旅行、音乐等多个角度，找到了豆瓣最典型、最广受认同的理想青年标杆人物，他们所彰显出来的独立思考、不盲从、敢想敢做的正面气息，与 ThinkPad 的品牌精神"思迥异，做不同"高度契合。

"甲壳虫在豆瓣的数据之旅"充分运用了豆瓣创新型社区的长处。通过豆瓣平台，利用大数据背景下的数据采集、聚类和分析等，甲壳虫车主的喜好和气质、"甲壳虫文化"以图书、电影、音乐、小组与同城活动等方式立体地展现出来，"甲壳虫"的个性也呼之欲出。让产品的使用者和品牌的忠实拥趸自己发声，来彰显品牌的个性和魅力，无疑更真实可信。而这也是最接近社交媒介营销和兴趣营销本质的方式。这样的社交网络活动形式也与甲壳虫的品牌定位相符。

（3）在线上与社交网站（如微博、论坛）合作，获取用户信息授权，进行互动。

社交网站的用户数据是庞大的，能在数据海洋中挖掘到对品牌有价值的信息，并加以良好运用，对品牌的精准营销有重要意义。

雪佛兰旗下的汽车品牌迈锐宝曾携手新浪微博做过一个名为"回顾你的微博旅程"的互动活动。用户需要通过新浪微博账号登录迈锐宝时光巡礼页面，随后系统将自动编辑生成一段视频回顾你的微博历程，比如第一条微博、第一个粉丝、第一个关注，谁是@你最多的人，谁又是你评论最多的人，等等。微博名人的影响力加上庞大的用户群、让人耳目一新的创意使得用户乐意将自己的微博与品牌相关联，是形式新颖且能让消费者主动参与的一种社交网络活动。

（4）在线上投放可点击的广告（各种类型的网站），引发消费者点击、体验的欲望。

2013 年，为推广 PACEMAN，宝马 MINI 投入百万巨资，精心拍摄了《PACEMAN 城市微旅行》这部 32 分钟的纪录短片，邀请北京作家冯唐、上海《外滩画报》编辑文林、杭州"绿茶餐厅"创始人路妍三位与 PACEMAN 气质相契的"步调引领者"加盟，三人分别驾驶 PACEMAN 在各自的城市中展开了一段充满故事的微旅行，并以 MINI《PACEMAN 城市微旅行》纪录短片为传播灵魂，搭上乐视 TV·超级电视问世的热点事件，筹划了一场四屏联动广告精准投放的盛宴。超级电视的开机广告，最具有震撼性和印象值的广告位，1080P 高清全屏大图……除超级电视之外，乐视依托"平台＋内容＋终端＋应用"的生态布局，为 MINI 展开覆盖 PC、Pad 和 Phone 等多终端的四屏联动推广。

（5）病毒式营销（病毒式的视频、内容、活动）。

病毒式营销的源头可能并不是消费者，可能是企业制作的相应的内容。但是内容在网上经过用户的主动点击、转载、传播之后，就在一种互动的形式中达到了营销的效果。

巴西 Dove 公司邀请警察局的素描辨识探员为他们做一次活动，活动的方式是为同一名女性画出她心中的自己以及别人眼中的自己。探员会先采访女性本人，再请女性的好友对她进行评价。最后的结果是，别人眼中的自己要比自己眼中的自己更加漂亮一些，活动延续 Dove 一直在倡导的女性自信美，引起了网友的共鸣。

（6）线上参与与线下活动相结合。

这种形式的互动不仅能增加互动营销的趣味性，也能增加品牌与消费者的接触渠道，能与消费者进行更加全面深入的沟通，从而进行更好的品牌建设。

日本沙宣做过一次线上线下相结合的互动营销。用户登录官网，选择自己喜欢的风格，官网帮用户生成一段变美后的视频。然后让用户进行投票，获选的用户就有机会获得沙宣免费为用户定制的变美行动，当然最后还会结合线下媒体进行推广，让粉丝们看到沙宣真的可以让自己变美。

斯德哥尔摩 DDB 公司为麦当劳做过一次户外活动。用户不用下载 app，只需要使用手机进入活动网站 Picknplay.se，系统会要求用户允许后台抓取用户的地理位置信息（方便随后发送就近的优惠券）。然后输入用户的昵称（这样大屏幕上面会显示当前是哪个用户，好让用户准备好）。紧接着是一个类似乒乓球的游戏，用户只需要坚持 30 秒钟就可以获得一份麦当劳的优惠券。用户可以凭借发送到手机上的优惠券就近领取奖品。

马来西亚麦当劳为促销其冰淇淋，在十字路口红绿灯处和用户玩了一次双屏小游戏：派人在路口挂广告牌宣传，指导用户进行交互；用户在手机上输入地址进行交互，转动手机上的风扇，广告牌上的风扇也会转动起来；越多人参与，甜筒就越不会融化，而参与的人就能免费获得甜筒一份。

五　社群化：社群即渠道

人是社会动物，自然生活于群体当中，但因为移动互联网，今天的"社群化"正在跨越传统的基于居住地、宗教、血缘等的模式，变为基于爱好、价值观等的新范式。真正的社群是一群具有共同价值观的精神联合体。社群成员具有共同价值观，拥有精神内核。而信息在人群中的渗透、扩散与传播也随着"社群化"而发生变化。

而具体到传播中来看，需要把握住以下几点。

第一，深入目标客户的社群。企业要明白其目标消费者都属于哪些社群，最简单的方法就是找到十个目标消费者经常参与的社群，可以按照用户数和活跃度等来做一个排序。而这些"社群"便是企业需要攻克的目标。企业应该仔细聆听他们的交流，更好地了解目标消费者的需求，并以互动和对话的方式和社群进行沟通，并争取让用户讨论它。

第二，找到社群和社群之间的传播影响机制。虽然看似大家分属不同的社群，但是在社群的传播实践中，越有效的社群往往越小，要利用社群和社群之间的信息传播机制，抓住连接者，引爆流行。小米的社群化最初是通过"极客"扩散开来的，这些"极客"无疑对其他的消费者更有影响力。所以，今天在传播初始，企业一定要找到最关键的那一批具有信息影响力或者权威影响力的社群所在。

第三，社群里最重要的便是内容营销。但在这个内容泛滥的年代，什么才是好内容？《众媒时代：我们该如何做内容》的作者安·汉德利女士提出了一个公式：

实用性×灵感×感同身受＝高品质内容①

实用性意味着企业的内容应该给读者提供一定的有价值的实用信息，做一些对他们有意义有价值的事情。

灵感则意味着内容要有趣、新鲜，或者有数据支撑。

感同身受则意味着要永远知道自己的受众是谁，要有同理心。

---

① 〔美〕安·汉德利：《众媒时代，我们该如何做内容》，王琼译，中国人民大学出版社，2016，第125页。

第九章 营销：品牌价值的
落地呈现

重回本质
品牌的价值思考

　　品牌和营销的关系是品牌思考中绕不过去的一个重要问题。而关于品牌和营销关系的思考有很多不同的层次，也有很多不同的争论。比如，关于营销和品牌谁处于更高层面的思考。有人认为，品牌是在营销的基础上做的，这样的理论更多的是把品牌当成"广告"来看待，认为做品牌就是做广告、提高知名度。也有人认为，品牌战略最终会指导营销，这样的理论更多的是把品牌战略理解成了"企业战略"。特别是近年来争论较多的是品牌重要还是渠道重要。

　　品牌重要还是渠道重要？这本身就是一个伪问题。因为品牌和渠道并不在一个层面上。品牌是一项资产，是一种价值，是企业对消费者的承诺，是消费者对企业的信任。它是一项无形的企业资本。品牌建设的目标是资产性的，而营销是企业的一项基本职能，渠道是营销4P当中的具有实际操作性目标的因素。"品牌""品牌建设""品牌推广"……这些词有不同的含义，但在很多讨论中，人们对这些词并没有明确的意义认可。

　　品牌和营销可以说是一枚硬币的两面。产品、价格、渠道、促销推广这四项营销的要素同时也是品牌创建过程中的重要因子。品牌价值的实现最终要通过营销活动去落地执行。再有，我们也发现，不论是奥美的360度品牌管理中提到的六项因子，还是MOT中讲到的品牌触点（或者说是品牌体验点），都是营销四要素当中所包含的。可见，品牌的目标要借助营销当中的要素得以实现。用《全球品牌战略》的作者西科·范·吉尔德的话来说，"营销的作用就是解释和传递打着品牌名称旗号销售的真实产品和服务"。① 营销活动对实现消费者对品牌的体验是至关重要的。没有恰当的营销策略及其实施，品牌会在关键的与消费者接触的地方受阻。比如，一个品牌欲传递"专业"的价值形象，那么如何从产品、价格、渠道和促销上都能体现出专业的形象则是品牌创建过程的重中之重。要创建品牌，离开营销是无以为继的。真正的品牌高手一定也是营销高手，一个不会营销的人是难以做好品牌的，而一个营销高手也必须是有品牌意识的。品牌应该是营销的升级，从品牌的角度来思考营销会将营销带入更高的境界。

可以说，品牌对营销提出了更高的要求，这些要求主要包括两点。

第一，营销要素对品牌价值的支撑。在商业运营中，一定要明白我们给客户提供的价值是什么。品牌的基础是品质，品牌的核心是"价值"，而"价值"就是持续地实现客户需求。品牌建立的过程就是一个"为客户创造有别于竞争对手的价值"的过程。而创造这一价值的过程在企业的整个营销系统层面得到了体现。我们可以把这一过程称为"品牌价值营销系统"，这一系统包括品牌价值定位、品牌价值传递和品牌价值沟通。品牌对营销要素的第一要求就在于营销中的任何一个要素都必须为此价值服务，能够支撑此项品牌价值。

第二，在统一价值基础上的时间轴上的连续性。品牌的建立需要长年累月的坚持和投入，并且这种投入和坚持必须是在同一方向上。当缺乏品牌价值指导时，企业在营销上最容易感到"茫然"。于是，企业很容易犯的一个错误是：当你找到一种方法去开创市场的时候，三个月后，你发现无效，于是再换一种方法；又三个月后发现，仍是无效，于是再换……其实，并不是方法本身无效，方向不清晰、积累的时间不够以及在一件事情上没有做出品牌自己的差异化是更重要的原因。事实上，这样的做法，往往是缺乏更高层次的品牌战略思考，而只是从更短期的销

---

① 〔荷兰〕西科·范·吉尔德：《全球品牌战略》，朱务诚等译，上海人民出版社，2008，第41页。

售结果角度来思考问题的表现。

所以，企业在制定营销策略时，必须从品牌的高度对营销做更深层次的思考。营销的各要素都必须支撑品牌价值，包括：

　　√ 提供品牌所承诺给消费者的产品和服务；

　　√ 不论是价格制定还是价格调整，都必须和品牌的价值相一致；

　　√ 渠道的选择和管理也必须与品牌价值一致；

　　√ 不同的品牌对传播的媒介也会有不同的要求，这同样需要一致。

以上四点我们可以展开来做进一步的分析。

第一节　产品和服务是价值的载体

产品和服务是所有品牌的根基。伟大的品牌必定拥有伟大的产品或服务。比如，苹果手机、海底捞的服务。它们是消费者最终购买和使用的东西。品牌忠诚度事实上并不是忠于"品牌名称"本身，而是忠诚于品牌所提供或代表的产品和服务。

一　产品品质的标准

在品牌创建中有很多正确而无用的废话。比如，做品牌就是要做好品质。但是，这种模棱两可的陈述无助于确定方向和目标。什么是好产品呢？是产品的合格率还是产品的质量？如何来评判一件衣服是不是拥有好的品质呢？像 H&M 这样"只穿一次"的产品品质又是如何支撑其品牌的呢？所以，企业必须明白两点。第一，品牌需要做到什么样的产品品质或服务品质是由其品牌价值决定的。一个 LV 包的品质和一个淘宝品牌包的品质自然是不同的。人分三六九等，品牌也分三六九等，而对品质和服务的要求也和品牌的定位有关。第二，事实上，所有的企业都是在品质和成本之间寻求一种平衡。绝对完美的品质是不存在的。所以，企业需要做的，是在综合考虑目标受众的需求、竞争对手的品质、企业的品牌定位后，对产品或服务的品质能提出更为具体的目标和要求。

二　品牌的老化无可避免

即便产品品质符合要求，一段时间后，品牌仍会老化，因为人们对一个品牌满意与否，是建立在期望和现实相对比的基础上的。如果一个品牌许下空头支票或者履行承诺时大打折扣，消费者就会感到很不舒服。而当品牌的产品或服务能够超出人们的期望时，往往会形成良好的口碑和忠诚。在某种意义上，产品、服务总是会过气的，因为人是容易厌烦的动物，而且永远追求进步，所以不论是产品的外形还是质量，或是服务的内容，都很容易有一天被消费者厌倦。这便是我们常说的"产品生命周期"。也是我们常说的，品牌总是会老化的。其实，品牌代表的理念不一定会老化，而只是附着在品牌上的产品和服务会老化。品牌永远是精神和物质的结合。精神要长存，但是物质会更替。如何解决"产品生命周期"问题？宝洁公司常说，他们公司的产品是没有产品生命周期的。但事实上，他们的洗发水半年更换一次包装，一年更换一次广告主题，几年就推出产品新系列，这些策略都是在延长品牌的生命周期。

今天的企业不断在提消费升级。其实原因很简单：现有的产品已经满足不了消费者的需求了。消费者的口味正在发生改变，而消费者的口味在发生怎样的改变，不同行业和不同的消费者是不同的。有些消费者发现以前商场里的东西又贵质量也很一般，开始转向一些市场淘货；有些消费者希望可以用更多的钱买到品质更好的东西；而有些消费者则对环保有了更高的要求；有些消费者想从城市回归更自然更乡村的生活。但总之，消费者需要在产品、服务上找到新的体验，尽管我们知道，他们很快又会厌倦。

三 产品的感知质量

产品和服务必须和品牌承诺相一致，产品的质量是品牌的基础。但在品牌建设中，只想着如何把产品的真实质量做好还不够，还必须考虑"感知质量"，也就是说，必须尽可能地提高产品的"感知质量"。原因很简单，品牌本质上是"唯心"的，而认知和实际总是有差距的。

凯文·莱恩·凯勒在《战略品牌管理》中提出了感知质量的定义：消费者对一件产品或服务的总体质量或其他优越性的感知，这种感知与其相关选择和想达到的目的有关。[①] 而戴维·阿克则在《管理品牌资产》中对"感知质量"用一章专门进行了论述。在他看来，感知质量是指顾客了解某一产品或服务的具体用途后，心里对该产品或服务相对于其他同类产品的质量或优势的整体感受。[②] 感知质量首先是顾客对产品或服务的质量的主观感受。它不同于真实质量或客观质量，也不同于产品质量和生产质量。感知质量是无法客观确定的，因为感知质量属于感性认知，而且顾客的看法往往带有自己侧重的一面。

感知质量有许多价值，最基础的是给人们提供购买的理由。同时，它也是品牌定位中的基础性定位之一。同时，高感知质量往往可以转化为品牌的高价优势。感知质量对零售商、分销商及其他渠道成员也有重要意义。感知质量还可用来进行品牌扩展。当然，感知质量一旦受到损害，也可能是致命危机。广告和品牌很重要的一个作用就是利用各种线

---

① 〔美〕凯文·莱恩·凯勒：《战略品牌管理》（第四版），吴水龙、何云译，中国人民大学出版社，2014，第235页。

② 〔美〕戴维·阿克：《管理品牌资产》，吴进操、常小虹译，机械工业出版社，2012，第78页。

索来让消费者对产品品质产生正向感知。比如，水溶 C100 的"五个半柠檬"；化妆品广告中对原料及提炼技术的宣传；农产品广告中对原产地的阐述等。好的广告可以更形象、更生动地让消费者对产品品质有一个好的认知。

要了解感知质量并管理感知质量，就需要考虑感知质量的影响因素是什么。为什么有的顾客认为质量高，有的顾客认为质量低？如何提高感知质量？顾客会通过哪些特征或线索来对质量进行综合判断？事实上，不同的行业、不同的产品，判断感知质量的基本要素是不同的，取决于具体情况。哈佛大学的戴维·加文教授提出了七大基本要素：性能、功能、符合标准性、可靠性、耐用性、服务能力、质感和外观。对"服务"的感知质量和对"产品"的感知质量大体上是相同的，只是含义略微不同而已。

不过，消费者往往会通过一些"边缘"线索来感知产品的质量，包括产品的定价、产品所选择的渠道，甚至是产品的沟通渠道及沟通内容。这也是接下来我们需要在价格、渠道和传播中做进一步分析的。

四 产品的"自营销"

产品对品牌建设的重要性不仅体现在其必须有可靠的质量上，产品要和品牌承诺相一致。甚至，某些时候，产品本身就是"品牌"，能够实现"自营销"。这正是《自营销》传递的观点。在作者看来，一杯咖啡不只是一杯咖啡，一副太阳镜不只是一副太阳镜，一辆汽车也不只是一辆汽车，产品里蕴含着它代表的故事，这才是企业真正销售的东西——品牌的内涵。好的产品可以做到自营销，而不那么依赖广告、公关等推广力量。在互联网时代，人们更愿意分享自己的体验，基于产品和服务的消费体验成了良好的分享要素。

如何让产品做到"自营销"？最重要的是让产品会讲故事。开发真正的创新产品，把营销功能直接融合进去。而营销当中的第一层都是为了讲述这同一个故事而设计的。而在方法上，则有很多。

第一，极致。把产品做到极致是一种极为强大的营销理念。极致大致相当于"最"，比如最快、最慢、最大、最小等。虽然现在《广告法》不允许说"最"，但可以用更有创意的手法表达出来。

第二，错误。要人们主动谈论你的产品，可以将产品设计得有点离谱。小错没好处，错得很多更糟糕，错得"离谱"有时却妙不可言。关键在于，要错得和主流智慧完全不一样。丑娃娃玩偶是独立玩具设计师大卫·霍瓦斯和金勋明创作的。第一批丑娃娃 2002 年上市，上市后就销售一空。在近年来大热的故宫文创产品中，朝珠耳机的设计和其他所有的耳机都不一样，但是成了人们谈论的焦点。

第三，让无形的东西变得让人看得见也是一种可以让产品自营销的方式。日本设计师深泽直人在给一个果汁做包装时，直接将盒子设计成了方形的香蕉、草莓。没有名字，没有标识。盒子身上也没有印"香蕉汁"的字眼，就是一个看起来像香蕉的盒子，别的东西都没有。但是，当消费者看到它，只要喜欢香蕉，往往第一眼就会关注到它。

第二节　价格传达价值

在营销当中，价格的重要性如何强调都不为过。在营销 4P 当中，产品的开发需要花钱，渠道的开发也需要成本，而推广更是"烧钱"，只有"价格"是能给企业带来收入的。越来越多的企业已明白定价不是以成本为基础，而是以消费者价值为基础的。而在品牌建设过程中，我们发现，企业不仅需要将产品以合适的价格销售出去，更需要"以更高的价格"销售出去。

一 价格本身是消费者感知中最重要的因素

用荷兰营销学教授柏唯良教授的话来说，"价格也能表情达意"。①最直观的是，价格是产品质量感知因素中最重要的一个。中国人大多相信"只有买错，没有卖错"。所以，人们普遍认为价格高的东西质量肯定是好的。尽管有极个别的商家也会以高价卖很次的产品，但这只能是"一锤子"买卖，终究不是做品牌的思路和方法。同时，在消费者的脑海中，往往存在"价格带"的看法。比如，很多女性会认为 300 元的包和 500 元的其实没什么区别，所以宁愿选择 300 元的，但是她们会认为 300 元的包和 3000 元的包完全不是一个档次的。所以品牌定价往往意味着把自己的品牌放在哪个价格带中、和哪些品牌进行竞争。价格是产品质量感知中的因素之一，同时又有很多不同的因素会反映价格。在品牌建设中，在大部分情况下，价格和价格信号是一致的。比如，宽大的皮沙发、厚地毯、深色木板、红酒、水晶灯等这些正是奔驰车展厅所呈现的高价信号。而在化妆品行业，展台、服装、包装甚至销售人员的美貌也是价格信号之一。而低价信号包括荧光灯、降价的标牌、廉价地板、长相一般的员工等。在品牌建设中，高价必须配备相应的高价信号。不过，也有特殊情况：高价格和低价信号结合在一起，像房产中介所、信用卡公司等，这类公司遇上理性的消费者多半难有效。但是，当低价格和高价信号结合在一起时，却成为品牌创建的有效战略路径之一。在这种情况下，品牌往往会强化产品价格信号中的某个主要信号，而弱化其他信号。这样，才能做到既让消费者感觉良好，同时又对"低价"感到窃喜。而当低价格、低价格信号和其他因素叠加时，也能传递出品牌的另一种价值。比如，德国的 Aldi 超市，以低价取胜，但又不想让人觉得东西质量差，便传递出了一系列的低价格信号，比如没

① 〔荷〕柏唯良：《细节营销》，朱宇译，机械工业出版社，2009，第 149 页。

有美感的陈列，缺乏工作人员的自助服务等。也有的品牌通过传播的方式避免让消费者对低价格产生低价值的印象。比如，"你买便宜货，因为你是内行"，"你买便宜货，因为其他品牌确实太黑了，我们要颠覆它"，"你买便宜货，因为要拿钱去做更有意义的事情"，"你买便宜货，因为这样就足够了"……

二　品牌往往对定价的一致性有更高的要求

品牌建设对产品定价的一致性提出了更高的要求。或者说，品牌建设要求企业更好地实施价格掌控。而这正是基于以下几点原因。

第一，价格往往体现着品牌的定位。混乱的、不一致的价格往往导致品牌形象的混乱，甚至品牌定位的不一致，这当然是品牌建设中最忌讳的。

第二，价格往往决定利益分配。价格设计是营销的顶层设计，因为价格决定利益分配，决定有多少利益可以分配以及如何分配，决定营销模式。事实上，价格也决定了品牌模式以及品牌战略的路径选择。

当然，价格一致性并不意味着价格绝对不变。今天，区域发展的不平衡以及渠道的不同导致价格差异不可避免。但是，价格作为品牌定位和品牌战略的支撑必须保持一致。

三　从品牌的视角来做定价

"定价定江山。"商业世界或者说品牌世界的核心往往就是定价权。而企业品牌建设的很重要的一个原因就在于可以获取价格溢价。所以，"如何定价"便成了企业经营和品牌建设中一个非常核心和关键的问题。

大部分企业在定价时往往更容易从成本出发：成本＋利润＝价格。这样的定价方法无疑是低端而且低效的。从品牌视角来考虑定价问题，至少需要考虑六个原则。

第一，价格应该根据商品在消费者眼中的价值，而不是生产者眼中的成本确定。

大多数企业在定价时往往陷入成本＋利润的模式。但如果按这个思路，恐怕很多人不理解为什么 Roseonly 一束玫瑰花能卖到 999 元。其实很简单，在消费者眼里，这束玫瑰花的价值不仅是 12 朵玫瑰花，而且是对爱人一生只爱一人的承诺，这才是其真正的价值所在，这个价值很难用准确的数字来衡量，999 元也因此并不显得特别昂贵。

第二，价格应该在可控的范围内具有可比性。

在价格管理中，有种理论叫"任意连贯性"。该理论认为，消费者其实并不知道什么东西值多少钱。他们茫然地穿过超市货架，根据种种线索判断价格。任意连贯性首先是一种相对理论。买家的主要敏感点是相对差异，而非绝对价格。① 所以很多品牌会设置一个价格锚点，让消费者能有所参考，从而做出选择。

第三，如果要调整价格的话，必须调整产品或服务的构架。

当要改变价格的时候，必须重新调整产品或服务的构架。比如，在上调产品价格时，必须对产品进行升级，或是改变包装，或是升级概念，或是提升产品功能。当然有时候企业会进行一种变相的"涨价"，也就是产品份量减少但是价格不变，而这种份量减少并不会让消费者太明显地认知和察觉到。

第四，价格差异是赢利的关键因素。

在品牌营销过程中，高价往往打败低价。很简单，"价格"是企业所有营销要素中唯一有收益的。做产品要花钱，做渠道要花钱，做推广更花钱——只有价格是收钱的。所在，只有高价才能使企业的整个营销变得有动力。

---

① 〔美〕威廉·庞德斯通：《无价：洞悉大众心理 玩转价格游戏》，闾佳译，华文出版社，2011，第 3 页。

高价会让渠道商有动力。更高的利润能让经销商更有动力去推销。高价会让营销创新有动力，高价会让研发部门有动力，高价也让供应链有动力。

高价会倒逼企业内部各部门创造价值支撑价格，对创新形成拉力。也只有高价才能让企业有足够的利润，使企业招聘到更好的人才、可以为供应商支付更高的价格，实现经营的"善之循环"。

企业在经营上，最怕的便是陷入"恶之循环"：产品卖不掉，开始低价竞争，低价导致利润低，利润低的企业招不到优秀的人才，做不好产品研发和升级，在市场中更没有竞争力，从而只能变本加厉地进行低价竞争，直到完全没有利润，最终让企业陷入被消费者抛弃的境地，这便是可怕的"恶之循环"。而真正的企业经营之道应该是：企业找到部分高净值人群，为他们提供更好的产品和服务，当然是以更高的价格，从而获取更高的利润。同时，将获取的利润进一步投入人员招聘、更好地创新产品和服务，更好地为客户服务方面，从而获取更高的利润。所以，定高价的企业往往更有活力。

第五，定价沟通影响着消费者对商品价值的看法。

如何向消费者更好地解释高价格是值得的，或者低价格并不代表品质差？美国凯特比勒公司是一家生产和销售拖拉机等大型机械的公司。它的定价方法十分奇特。市场上大型拖拉机的价格多为2万美元，然而该公司的同类产品却卖2.4万美元，虽然价格高出4000美元，销量却更多。

如何做到的？凯特比勒公司通过各种宣传手段向客户说明原因：

（1）20000美元，是与竞争者同一型号的机器的价格；

（2）3000美元，是产品更耐用的溢价；

（3）2000美元，是产品可靠性更高的溢价；

（4）2000美元，是公司服务（如维修服务）更佳的溢价；

（5）1000美元，是保修期更长的溢价。

（6）28000 美元，包括一揽子价值的产品价格。

（7）4000 美元，给客户的折扣。

（8）24000 美元，最终价格。

通过这样的价格沟通方式，客户最终也就明白为什么凯特比勒公司的拖拉机的价格要高过竞争者了，并因此对"价值"有了新的认识。

第六，要想提高利润，必须做好牺牲部分销售额的准备。

大多数时候，利润和销售额很难兼顾（当然也有例外）。所以，企业想要提高利润，必须做好牺牲部分销售额的准备。同时，要追求相对高的销售额，对利润则不能过于苛求。

第三节　促销需以不伤害品牌价值形象为前提

促销作为"定价"的一种，品牌对其也有更高的要求。传统的 4P 理论将促销定义为包含五个工具的促销组合：广告、销售促进、公共关系、人员推销、直效营销。而在此，笔者将"销售促进"单独拎出来，并且将其作为一种"价格变动"来看待。这种价格变动既包括价格降低，也包括价格升高。当然，大部分时候是价格降低。而将其单独论述的原因，也在于其对品牌建设的重要性。

在品牌建设过程中，最常出现的问题就是促销引发的品牌形象损害。在服装行业，很多品牌都曾遇到过因打折太多最终影响其品牌好感度的情况。但对企业而言，促销又有特定的作用。所以，如何做好促销，是品牌建设必须深入思考的问题。在这个思考过程中，有三点至关重要：一是如何既达成促销的目的，又不影响甚至能提升品牌形象；二是如何在促销过程中，更好地传达品牌价值；三是如何形成品牌的促销风格。

一　促销如何不损害品牌形象

针对第一个问题，有很多种做法，比如，李宁等服装品牌会设立"工厂店"，这也是一种能达成促销的目的同时又不损害品牌形象的做法。在具体的促销过程中，选择形象较佳的促销赠品也是一种不影响品牌形象的方法。比如黑人牙膏的促销品都是设计制作还算精良、质量也较好的玻璃制品，既不损害品牌形象，还形成了特定的促销形象，很多时候，甚至还让人有一种期待感。所以，促销要做到不损害品牌形象，可以参考以下三点。

第一，选择好的促销形式。促销形式有很多种：借力促销、明星促销、依附式促销、搭配促销、捆绑式促销、纪念式促销、礼品促销、优惠券促销、抽奖式促销、直接打折促销……在这些促销形式中，直接打折促销效果最好，但是也最易伤害品牌形象。而有些促销形式对品牌形象的损害就较小，比如，送小样式促销、搭配促销以及跨界促销等。

第二，促销时，应选择和品牌定位形象、质量相当的礼品。很多品牌促销时不考虑促销品的档次和定位，就有可能对品牌形象造成伤害。

第三，把握好促销时机。企业不能没有规则、不计时间地促销，而是可以选择某个固定节日或者品牌日来进行促销，甚至打造一个专属于自家品牌的促销日。

二　促销如何更好地传达品牌价值

促销有时候不但不会损害品牌形象，甚至能更好地传达品牌价值。"江南布衣"在讲"我们为什么打折"时说，在每次打折或者搞活动时，江南布衣会弱化活动页面的打折信息，而是强调"我们为什么打折"。"我们做一个活动，希望通过讲述一个故事，发掘一个主题，向消费者展现品牌背后的东西，通过活动向顾客传达品牌的价值观。"

通货膨胀导致包子品牌甘其食不得不涨价。有意思的是，甘其食包子的"涨价告示"是这么写的："不忘初心，方得始终。甘其食始终坚持采用高品质的食材作为原料。从 3 月 19 日开始，所有包子价格调至 2 元……"这就是典型的将消费者原本很不喜欢的事情，变成一件可接受的事情的案例。消费者甚至还觉得，确实应该涨，不涨得话，原料可能就不好了。

三 如何形成品牌的促销形象

很多成熟的品牌在促销上有相对固定的"套路"和做法，会形成自己独特的形象。而这些做法当然不会损害品牌的形象定位，甚至很多时候还能一次又一次地传递品牌的核心价值。

一些国际大牌会选择将一年的某个时节或某两个时节定为特定的促销季。消费者甚至会因此提前排队购买。而在雀巢咖啡的促销中，其促销礼品多半是红色杯子，而这正是雀巢咖啡的形象视觉锤[1]。

当然，坚持不促销也能成为品牌的一个"符号"。比如，LV 坚持不打折，还每年固定涨价，而这也成为其品牌认知当中的一个重要形象。

四 促销的娱乐化

詹伟雄在《美学的经济：台湾社会变迁的 60 个微型观察》中提出，人类的经济发展经历过四个阶段：脚的经济、手的经济、脑的经济和心的经济。[2] 毫无疑问，我们现在正逐渐进入"心的经济"的时代。

---

[1] "视觉锤"这个概念来自劳拉·里斯所著的《视觉锤——视觉时代的定位之道》。它告诉我们，任何品牌都需要一个视觉符号。

[2] 詹伟雄：《美学的经济：台湾社会变迁的 60 个微型观察》，中信出版社，2012，第 3 页。

也就是说，在这个时代，消费者在商品购买中并不是为了产品的使用权，也不再用"脑"去精算产品"合理不合理"，冲动性消费、娱乐性消费、意义性消费开始成为占比重较大的消费形态。换言之，消费者开始在购买行为中追求意义、好玩、游戏感等。

而在营销的 4P 中，促销无疑是最灵活的，也是最能够承载各种意义和游戏感的。今天的促销越来越好玩，带给消费者的新鲜感也越来越多。2012 年日本 Domino's Pizza 推出了一个相当有趣的促销方案"Amazing Coupon Festival"，你只要符合达美乐诸如"家有双胞胎"，"绑着双马尾"或是"高二学生"等条件，外送到家时以上述的造型或身份出来应门，就能享受 75 折的优惠。首先，你只要选一个你符合的条件，分享到 Facebook 或 Twitter 上，就可以得到一张 20% off 的 coupon券，放进达美乐官网上你所属的 coupon Box，直接在网上订购会再给你5% 的折扣，所以算下来是 75 折。订好餐之后等外送员送餐到家时，以你所选的造型或身份出来应门，就可以得到优惠了。

特别是当促销和技术及其他推广活动相结合时，更是能诞生无穷的创意。2012 年，雀巢公司在英国推出一则有趣的营销活动"We will find you"。它将 GPS 追踪器放在旗下 KitKat 巧克力产品中，当你撕开包装时 GPS 就会自动启动，通知主办方在 24 小时内追踪到你，亲自为你送上一张一万英镑的支票。除此之外，雀巢还在公共场合张贴了近 3000 张印有二维码的海报，人们只需用智能手机扫描一下该二维码即可登录有奖活动网站，查看还有多少奖品尚未送出。吃一盒巧克力，却被一群搭乘军用直升机从天而降的特种兵团团围住，若是你，一定也会被惊吓得不轻吧！好在，不只一"惊"，更有一"喜"——他们不但没抓你，反倒送上一只装满现钞的手提箱，告诉你什么叫作真正的"惊喜"。

可以说，未来的营销要成功，对于企业而言，必须好好利用和思考促销的"威力"。

第四节　渠道：品牌价值的传递和共同创造者

五星级酒店房间里，5100 西藏冰川矿泉水与依云并排摆放，都是 28 元/瓶。暂不论两个品牌的背景、文化和品质，仅就我们经常见到它们的场景而言，一个经常出现在高档场所，价格一贯"高昂"；一个经常出现在高铁等地方，不要钱白送。消费者会选择谁？很明显。一个物品，摆在哪，会影响消费者对一个品牌的认知。同样的一件衣服，放在四季青批发市场和放在银泰商场，给消费者的价值感完全不同。

渠道是品牌创建中最为重要的部分之一。甚至一直以来，在中国营销界都存在着到底是品牌重要还是营销重要的讨论，但事实上，这个讨论是没有意义的。

首先，渠道和品牌本身是企业经营层面不同维度的事情。品牌是消费者对企业或产品的整体认知，而渠道是营销过程中产品从厂家到消费者手中的一个通路。两者直接进行比较，本身就是不合适的。

其次，渠道之所以重要，是因为渠道是直接接触消费者的。所以，渠道应该是品牌最重要的触点之一。无论是渠道形式的选择，还是渠道所营造的体验点，都是品牌中最为重要的价值组成部分。可口可乐的渠道有一个法则：确保产品随手可得。为什么可口可乐会有这样一个目标？那是因为可口可乐的产品是一种习惯性购买产品，消费者更追求购买的便利性，所以，可口可乐必须要通过渠道的细致化来提高销售量，便有了随处可见的"销售渠道"。但是，对于其他并非快销品的品牌来说，随处可见的"销售渠道"便不是目标所在。

今天已经开始进入全渠道时代。全渠道时代意味着渠道的选择性越来越大，但同时也意味着渠道的冲突性和管理难度越来越大。之前的营销时代，企业更加重视渠道管理的不断深化，于是有了"渠道下沉"和"深度分销"这类词。但现在，渠道链条越来越短，渠道本身随着消费者的细分化变得"小而碎"，这也就要求企业渠道管理的思路从以前的"深"向"宽"转变：关注更多的渠道，同时管理好不同的渠道。这也就要求企业必须以客户为中心、以品牌为价值导向，来思考不同渠道的价值和体验。

一　渠道选择是品牌价值的重要组成部分

渠道自身有自己的价值，有品牌定位和价值选择的差异，在渠道选择方面有几个问题很值得关注。

第一，渠道和自身品牌定位的匹配性。渠道作为企业品牌价值系统中的重要一环，往往会导致整个价值体系的不同。比如，在建材行业中，能将工程和零售都做好的企业往往很少。事实上，工程渠道和零售渠道，在产品、服务、政策、账期、操作模式等方面往往有很大的差异，企业在一个渠道中的竞争优势，往往会成为进入另一个渠道的劣势。

第二，选择单一渠道还是多个渠道。除了自己开店外，品牌是不是需要进入新的渠道？星巴克不仅通过自己的店卖产品，在美国，星巴克的咖啡超市也可以卖，航空公司的飞机上也有卖。在如今的商业环境中，渠道越来越多样化。企业应思考自己必须进入哪些渠道。比如，九阳豆浆机，既有超市渠道、商超渠道、电视购物渠道、电商渠道，后来也进入了火车站的卖场。而渠道多样化后，企业也必须更好地明确渠道的作用，比如，哪些渠道是做体验用的，哪些渠道是做销售用的，哪些渠道是为了清仓或者促销。

第三，直接面对客户，还是通过间接的渠道。渠道可以分为两种：一种是直接面向客户的；一种是间接的渠道，企业自身并不直接面对客户。找经销商还是做直营店本身一直以来就是业界争论不休的话题，甚至也关系企业价值观的选择。杭州的两家包子品牌，甘其食和巴比馒头，一家坚持直营，一家放开加盟。走了不同路的两个品牌，孰优孰劣？不好评说，但至少渠道选择的不同决定了两个品牌未来走向的不同。

第四，更宽的渠道还是相对较窄的渠道？企业是选择更多样化的渠道还是相对更窄的渠道？这个问题的答案取决于两个因素：一是企业的费用，费用高，渠道自然可以拓展更多；二是产品自身的定位，定位如果相对平价，则渠道可以选择更多，如果定位比较高端，则渠道很难也不应该太宽。

二　渠道中的品牌效率与支配力

在《细节营销》中，柏唯良有个观点："效率并不是你在管理公司外部事务时应该追求的目标，最重要的是要获得支配力。如果你能很好地管理你的支配力，你就能迫使你所在的这个渠道网络中所有的公司提高效率，大家都会受益匪浅。"[①] 对此，笔者深以为然。特别是对一个品牌而言更是如此。品牌博弈意味着一套相对完整的价值系统和操作系统。渠道和厂商，很多时候，永远是博弈关系。对于企业而言，对渠道的支配力至关重要。只有对渠道有了一定的支配力，企业才能保证渠道不窜货、不乱价，遵守公司的相关规定，成为公司价值传递的一部分。在中国营销史上，从来不缺企业和经销商的冲突。比如，格力和国美之间的"战争"，不管双方如何博弈，企业最终应该加强对经销商的控制。

而企业要获得渠道中的支配力，可以考虑以下四种手段。

第一，远景掌控。企业需要不断地用美好的远景吸引经销商，经销商认可了企业的理念、发展战略、主要领导人，即使暂时的政策不合

---

① 〔荷兰〕柏唯良：《细节营销》，朱宇译，机械工业出版社，2009，第159页。

适，产品暂时出现问题，经销商也不会太计较。

第二，品牌掌控。对于经销商来说，一个强大的品牌意味着产品销售的更容易、消费者接受的阻力更小、更高的利润、更快的销售速度，甚至可以带动其他产品的销售等。所以，经销商面对一个强大的品牌，往往更易妥协。因而，在营销过程中，推力和拉力都必不可少。企业在消费者层面建立起自己良好的品牌形象，就可以对渠道施加更大的影响。

第三，服务掌控。一般来说，企业从业人员的素质要高于经销商，所以，企业可能通过更好地服务于经销商来获取对经销商的掌控能力。这种服务可以从两方面来看，一是帮助经销商更好地服务于消费者，二是服务于经销商本身。无论哪种服务都有助于企业更好地掌控渠道。

第四，利益掌控。经销商最终还是要靠利益驱动的，不管是短期利益还是长期利益，所以要想和经销商长久合作，必须确保其利益。

三　全渠道下的渠道价值

什么是渠道？在传统的定义中，"渠道"是企业把产品向消费者转移的过程中所经过的路径。渠道往往起着承担物流、信息流、资金流的作用。可以说，在共同为消费者提供价值的过程中，企业和经销商承担着不同的"责任"。进入互联网时代后，渠道的扁平化使得很多企业开始宣传"没有中间商赚差价"。于是，苗庆显写了一篇文章《"没有中间商赚差价"是最大的营销谎言》[1]。在这篇文章中，苗庆显指出，"人们的认知中，承认一个商品的生产成本，但不承认它的流通成本、展示成本、品牌成本、信任成本"，"中间商的地位和价值一直没有得到市场认可，经销商群体的自我价值认知也不够，很多经销商干得很大，仍然有低人一等的感觉，觉得自己一定要有个生产型的实体才能叫'企

---

[1]　见自媒体公众号"老苗撕营销"。

业家'，否则永远是个'商人'、'生意人'、'做买卖的'"。在他看来，连科特勒老人家也已给经销商"正名"："我们不是投机分子，不是寄生虫，而是创造价值的。"

事实上，在这篇文章中，苗庆显指出了一个至关重要的事实：渠道除了承担着物流、信息流和资金流之外，还有诸多其他作用和功能，比如提升品牌形象、信息收集整理、促销推广、谈判、订货、移库、承担资金风险等。在品牌价值传递中，渠道和企业共同承担着价值的实现和传递。所以，在当今的全渠道中，企业需要对"渠道"的定位和作用有一个清晰的认知。比如，很多企业宁愿亏本也要在大商城设专柜，显而易见，其目的并不是为了销售，更多的是品牌形象展示。消费者很多时候也习惯去天猫品牌旗舰店搜索品牌信息，于是很多企业的天猫品牌旗舰店或者淘宝企业店的目的也不是为了销售，而是为了拉高价格和形象，从而更有利于线下出货。再比如，很多服装品牌对线上渠道的定位也不相同，有些是为了清库存，有些是线上线下同步，有些是为了给线下引流，而这些必须根据企业实际情况来定。甚至很多企业，已经不再寻找经销商，而只是寻找"服务商"，也就是说，企业更希望线下经销商能承担起诸如最后一公里的运货、售后维护等服务性的功能。

总之，面对全渠道的现状，企业要减少渠道之间的冲突，就必须从品牌价值角度，思考企业自己所发挥的作用，以及渠道的定位和作用。

第十章　品牌价值的实现：
组织的品牌能力

重回本质
品牌的价值思考

第一节　品牌组织能力的重要性

在《组织能力的杨三角：企业持续成功的秘诀》中，杨国军提出了"组织能力"概念。在他看来，企业成功的关键在于正确的战略 ×合适的组织能力。注意，这里是相乘而不是相加。如果说，企业有正确的战略，却没有相应的组织能力去实现，那就是空想和做梦。什么是组织能力？组织能力不是个人能力，而是一个团队所发挥的整体战斗力，是一个团队竞争的 DNA，是一个团队在某些方面能够明显超越竞争对手、为客户创造价值的能力。① 组织能力有三个特征。第一，独特性。独特性根植于组织内部、不依赖个人，是组织的一种可持续能力。第二，为客户创造价值。第三，能够超越竞争对手。

企业如此，品牌亦如此。品牌所有的定位和方向，如果没有能力去支撑，最后也将变成"忽悠"。在产品同质化的年代，品牌还能仅凭外在的形象获取成功，但在越来越透明化、价值观越来越多元的时代，品牌要有内在的能力去支撑价值的实现。

什么是品牌力？联纵智达营销咨询公司的何慕曾提出，企业的品牌建设必须构建出完整的品牌力。而完整的品牌力包括产品静销力、品牌规划力、性价比对力、传播拉动力、公关支持力、分销覆盖力、终端推

---

① 杨国安：《组织能力的杨三角：企业持续成功的秘诀》，机械工业出版社，2010，第 8 页。

介力、人员推销力、服务保障力和促销刺激力。在何慕看来，前三类为企业自身要主打的，后三类是企业可以整合团队去做的，而中间四类不同企业可以有不同策略。品牌的建造并不是空中楼阁，需要企业实际的运营能力做支撑。成功的品牌都有自己的独家看门功夫，也就是超越竞争对手的独家能力。

同一个行业的品牌，往往拥有不同的品牌能力。ZARA 的成功，在于打造了快速的产品供应链能力。为什么别人学不会？确实是因为这项能力在传统的商业时代太难学会。同为国际知名服装品牌，优衣库则建立起了另一种能力：打造成本低，感觉又好的成本控制能力。再来看娃哈哈和农夫山泉。娃哈哈最为人所称道的无疑是其渠道开发和管理能力。而农夫山泉在产品概念打造和品牌传播上的能力则是娃哈哈难望其项背的，以致行业里的人都认为，要找渠道人才必须去娃哈哈，而要找品牌传播人才则必须去农夫山泉。

而关于品牌能力的打造，以下几点，值得企业家思考。

第一，品牌能力的创造要以价值为导向。

很多时候，在品牌创新过程中，企业面临一个问题：不同的企业家往往会有不同的假设。这个假设的不同会使不同的品牌做出不同的创造思考。而在品牌能力打造过程中，品牌能力必须以价值为导向。以童装行业为例，巴拉巴拉强大的渠道开发能力、jnby 的独特风格和定位都对应着其不同的价值主张。在家装管道行业，日丰的经销商的管理开发能力、联塑的低成本运作能力、伟星的高端服务能力都成为其品牌价值的差异所在，而每个企业最终也建立起了和自身价值定位相匹配的组织能力，并且通过组织运作进一步强化了这种能力。正如杨国安所说，组织能力的打造是一个系统工程，它是一个包含着员工能力、员工思维方式和员工治理方式的系统结构。而这个系统结构的打造必须符合两个原则：平衡和匹配。今天我们说"海底捞你学不会""褚时健你学不会"就在于，企业也许能学到他们的战略方向及能力点，但是很难系统地复制其组织架构和内部能力。

以伟星新材的"星管家服务"为例，为建立起真正的高端管道服务能力，伟星新材采取了一系列措施：外在服务形象的树立、团队服务文化的打造、标准和流程的构建、服务品牌的大范围传播，甚至服务团队组织架构的重造。费时几年，才将"星管家"服务真正从一句口号变成了品牌的一项能力。

第二，品牌能力的创建要在客户价值的引导下确立主次。

尽管在何慕看来，完整的品牌力包括产品静销力、品牌规划力、性价比对力、传播拉动力、公关支持力、分销覆盖力、终端推介力、人员推销力、服务保障力和促销刺激力，但对很多企业来说，一开始要建立起如此完整的品牌能力几乎是一件不可能的事情。因为任何一件事情的完成都不是易事，都需要企业投入比竞争对手更多的资源，这也就意味着比竞争对手更高的成本。所以，在品牌力的打造上，企业也必须有主次之分。在拉链的竞争中，全球著名的拉链品牌 YKK 一直以"制造"取胜，其拉链的品质感毋庸置疑。国内品牌 SAB 拉链在和 YKK 竞争时，则选择以"时尚"去对抗"品质"，而且 SAB 拉链将"时尚设计"真正作为一个价值点，成立大客户专项服务小组，引进设计师做更多更时尚的拉头和拉片设计，邀请客户的设计师一起参与设计，并提供快速反应的时尚设计能力。

第三，能力长板和短板不断平衡又不断打破的螺旋式上升过程。

从短期竞争的层面来看，一个企业往往会选中一点，去挑战竞争对手的价值点。但这并不意味着，企业在其他品牌能力的打造上可以无所作为。在能力长板建立后，短板也必须尽快补到基本水准，这样才能实现螺旋式上升。

第四，在某一价值点上做到"极致"才有出路。

品牌创建是一门关于"认知"的学问，也是一门关于"行动"的学问。"认知"自然是指消费者认知。而行动，则是指企业自身如何创建品牌。要在消费者心目中达成有效认知，企业必须在行动和资源投入上避免遍地开花、资源投入下去未见成效便草草收场。

第二节 企业文化对品牌能力打造的作用

在《战略思维与决策：优化商界与日常生活中的竞争策略》中，达维德·索拉和杰罗姆·库蒂里耶提到，企业的竞争优势来源可以归纳为三类：结构性来源、执行性来源和预见性来源。结构性来源是指公司占有或控制的资源或资本，不会被竞争对手得到或复制；执行性来源是指公司利用资源的最大效率和效能；预见性来源是指理解和预测未来的能力。[①] 同时，他们还提到了第四种和前三种都不相同的竞争优势：企业文化。企业文化根植于公司的信仰和员工的心智模式中，会影响公司的决策和行动。

Zappos（美国最大的鞋类 B2C 网站）的 Thomas Knoll 曾说过，品牌和文化就像一个硬币的两面。[②]

虽然我们不能说企业文化就等同于品牌，但是，企业文化和品牌之间确实有很多的相似点。

一 企业文化和品牌之间的相似之处

1. 定义很多，并且都有些偏虚的层面

企业文化和品牌的定义都很混杂。一千个人心中有一千个哈姆雷

---

① 〔英〕达维德·索拉、〔法〕杰罗姆·库蒂里耶：《战略思维与决策：优化商界与日常生活中的竞争策略》，赵文婷译，中国人民大学出版社，2016，第59页。

② 〔美〕谢家华：《三双鞋：美捷步总裁谢家华自述》，谢传刚译，中华工商联合出版社，2011，第123页。

特，同样，问一千个企业家，估计也能得到一千种不同的关于企业文化和品牌的回答。而与战略、渠道、价格、结构、人力资源等企业要素相比，企业文化和品牌似乎都是"无形"的东西，难以量化，也难以具体描述。尽管企业文化和品牌理论发展至今，都有相对成熟的理论体系和架构，但没人否认，仅仅依据这个理性的体系和架构本身很难成功打造一个品牌。不论是企业文化还是品牌，都需要对人性、对社会有更为深刻和敏锐的洞察。甚至，还需对一些历史的潜规则有所了解。而这些"无形"的东西正是来自两者都强调无形的价值观的重要性。

2. 都强调价值观的重要性

IBM 的小沃森写过一本关于价值观的书，他回顾 IBM 的经验说：

> 造成企业衰败的原因不胜枚举。科技、顾客口味改变和时尚变化都会造成影响……这些要素的重要性是不容置疑的。不过我怀疑他们本身是否具有决定性。我认为企业成败的关键，在于如何激发人员的能力和才智，如何协助人员找到共同的使命感，如何让这样的使命感和发展方向代代相传，就算面对诸多变化也不动摇。只要看看基业长青的卓越企业，就可以发现，它们靠的不是组织形态或是管理技巧，而是我们所谓"信念"的力量，并以此吸引人才。这也是我的论点。我深信，不管是什么公司，只要是为了生存，为了成功，都必须具备一套稳健的信念，而且所有的政策和行动都应该以此为准。另外，我相信，企业成功最重要的单一要素，在于坚持这些信念。换句话说，基本理念、精神及动能对公司成就的重要性，远远超过技术或是经济资源、企业结构、创新和时机。这些要素都攸关企业的成功。不过我认为，员工对公司基本信念的坚持和信心，与公司能否在业界脱颖而出，有着很大的关系。

品牌同样如此。品牌所售卖的不仅是产品，更是在产品之上的一种价值观。原研哉在关于"无印良品"的叙述中曾这样说：

无印良品想要实现的商品品质究竟是什么呢？或者说，顾客会对什么样的商品感到满意呢？至少，它不主张品牌个性突出或具有特定的美学意识。很多品牌都以诱发消费者产生所谓"这个最好"、"非它不可"的强烈喜好为目的，无印良品的理想却不在此。它想做的，是要带给消费者一种"这样就好"的满足感，不是"这个"，是"这样"。但是，"这样"并非是没有对品质的要求。无印良品以尽量把"这样"提高到尽可能高的水准作为努力的目标。……一言以蔽之，"世界合理价值"或许就是一种以理性的态度来利用资源的哲学。①

3. 最终都要落到企业能力上

价值观的重要性，不在于其表述上。世界 500 强公司的价值观各不相同。比如惠普在顾客和科技进步面前，更重视科技；迪士尼更重视员工的创造性和想象力，而非业绩；索尼则把创新精神放到了价值观的首位。对待价值观，重要的是，企业是否真的相信，以此为准则，并把它转化为企业的日常行为。在《创造基于能力的企业文化》中，迈克尔·茨威尔认为组织成功有三大基石：一是组织中领导层的能力，二是组织中员工的能力，三是企业文化能否培育能力并使之最大化。② 在迈克尔看来，能力是决定个人绩效的品质和特征，决定着员工和组织的成功，而企业文化则决定着员工能力在整个公司的发挥程度。企业文化可以通过多种方式影响能力，比如，公司的选聘制度决定着拥有什么能力的人可以进入公司，进而影响员工的能力。奖励制度就像一个指向标，向员工传达着什么样的能力公司更为看重的信息。而企业理念——使命、远景和价值观等则告诉员工未来需要具备的能力是什么。正如，3M 以创

---

① 〔日〕原研哉：《设计中的设计》，朱锷译，山东人民出版社，2006，第 78 页。
② 〔美〕迈克尔·茨威尔：《创造基于能力的企业文化》，王申英、唐伟、何卫译，华夏出版社，2002，第 139 页。

新精神为本，其企业文化也正是围绕着如何激发企业的创新能力来打造的。

4. 企业文化和品牌在建设过程中甚至有重叠的部分

企业的很多工作内容和模块，既可以看成是企业文化的一部分，也可以看成是品牌建设的一部分。比如，企业的形象建设工作，既可以看成企业文化的一部分，也可以看成品牌建设的一部分。事实上，在企业的组织架构中，这一部分的工作既可能由办公室或人力资源部承担，也可能由品牌部来承担。同时，品牌建设中的很多工作也是企业文化方面的工作。比如，在品牌建设的内部推广中离不开员工的价值观和行为塑造。星巴克是将企业文化建设和品牌建设结合起来的典范。2008 年 2 月，为了使星巴克回归核心，重新唤起消费者对咖啡的热情，舒尔茨在重新接管星巴克不久就做了一个决定：在浓缩咖啡饮品的准备环节上再培训 135000 名咖啡师，并且宣布在 2 月 26 日关闭星巴克在美国的所有门店，进行"历史意义重大的店内教育和培训活动"，卓越浓缩咖啡培训项目正式展开。就这一事件本身来看，很难准确界定这是一次品牌形象重塑事件还是一次有关企业文化的培训活动。

当然，企业文化和品牌建设如果说还有相同之处，就在于两者都不是一日可以建成的，都是一个缓慢而持久的过程。

虽然企业文化建设和品牌打造之间有一些相似之处，但是，企业文化毕竟不等同于品牌，而文化有着其先天的存在性。也就是说一个企业或组织不论有没有意识，都有其文化的存在，有区别的只是文化的强弱和类型。而当企业有意识地进行品牌打造时，其原有的文化或多或少会对品牌形成一定的影响。在多年的品牌咨询中，笔者也深刻体会到了企业文化对品牌创建的影响。

二　企业文化对品牌创建的影响

1. 创建适合品牌打造的企业文化

事实上，企业文化是一种先天的存在。不论企业有意识与否，企业文化都一定会形成，只是在不同的公司有强有弱而已。一般来讲，具有强力型企业文化的公司更易成功。越来越多的企业家已经意识到，那些基业长青的公司，那些百年老店，无不具有独特的企业文化。要想让企业长续，文化比什么都重要，制度、战略等都要服从于文化，与企业文化相协调、配套。正如 IBM 所强调的，在 IBM 百年历史中，其基业长青的秘诀在于其基因，而这个基因正是 IBM 的价值观、文化和人才理念——"尊重个人、顾客服务、追求卓越"。正是这些成就了百年 IBM，也成就了百年 IBM 的品牌。

但是，并不是所有的强力型文化都有利于品牌的打造。事实上，在 IBM 的企业文化中，对客户导向的关注，对服务的关注，使得 IBM 对客户满意度极度重视。比如，在 IBM，一共有 14 种综合的客户满意度调查，由一个独立的研究机构负责管理，调查人员也是公司外部人员，他们每年会见约 10 万客户和非客户人群，在全球 55 个国家中用 13 种不同语言来进行，并且将自己的客户满意度调查与竞争对手的客户满意度调查进行比较，最重要的是，这些调查数据还会每半年一次成为公司发展战略和战术的一部分。"客户导向"正是企业文化中对品牌建设起正面作用的文化之一。其他的还有追求卓越、对客户负责、创新、诚信、关注社会责任、以人为本等。在社会化媒体时代，"透明化"也将成为一个重要的文化导向。

同样，当一个公司组织文化非常强大，但在遭遇环境变化或是转型之际，如果原有的企业文化并不适合品牌建设，或是，企业文化越来越僵化时，此时原本强大的企业文化反而会成为品牌难以逾越的绊脚石。比如，在中国企业中普遍存在的"诸侯文化"：总公司的权力太小，而分公司的权限太大，并且诸侯式的管理模式经常以业务的发展为第一要务，在行为上往往会更为短视，注重眼前业绩，甚至忽视了公司价值观的统一。而品牌却提出一个站在统一价值观的基础上，对企业运营进行长期思考的要求。当长期要求和短期利益发生冲突的时候，"品牌的整体战略"就变得异常困难。再看一个例子，《绝对民牌》①讲述了真维斯20年的发展历程。作为中国最早的休闲服饰品牌，真维斯在品牌知名度、美誉度、销售额、市场规模等方面远远落后于后进入者——美特斯·邦威和森马。而这一点无疑和真维斯的企业文化有关。一是作为代加工出身的企业，老板一直抱有"只要产品好、价格低，自然可以畅销"的想法，而"产品好，价格低"更多是代加工企业的企业文化。不做广告、不请代言人等做法，也让真维斯错失了中国休闲服饰行业发展最快的那几年。

2. 企业文化会决定品牌的核心价值能否实现

品牌的核心价值更多的时候是基于外部客户的需求而提出的。但是，核心价值能否实现，企业文化的支撑有重大的作用。一个强调创新的企业，必然有"创新文化"在支撑，像3M公司，公司上下努力养成以自主、革新、个人主动性和创造性为核心的价值，主要表现在：尊重个人的尊严和价值，鼓励员工各施所长，并为其提供一个公平的、有挑战性的、没有偏见的、大家分工协作式的工作环境。在3M，只要是发明新产品，不会受到上级任何干预，同时允许有失败，鼓励员工坚持到底。而宝洁一直引以为豪的"消费者研究"也正是来源于其企业文化中价值观体系的第一条："顾客至上"。而一个以"服务"作为品牌核心价值的公司，也必然能深刻地理解服务的价值以及如何在公司内部营造出"服务"文化。

案例：

海底捞的服务品牌和服务文化

2011年，《你学不会的海底捞》在中国企业界引起了巨大反响，海底捞将"服务"做到极致，而"服务"是一种能力，这种能力确实并不是所有企业都先天俱备的。海底捞的这种能力是如何

---

① 吴比：《绝对民牌：最熟悉的品牌，不知道的故事》，中信出版社，2012。

形成的？为什么别人学不来呢？

很多人在研究海底捞的时候，可能会发现海底捞的一些表象：等候大厅里的叫号进度，等位处提供各种点心、棋牌、电脑、擦鞋、美甲、录音棚、儿童乐园；就座时为客人提供围裙，并给需要的客人提供手机袋、眼镜布、橡皮筋，吃饭时不会让顾客的水杯空着，且不会让顾客因他一直站在旁边看着而感到不舒服……当然，还有网上流传的关于海底捞的各种变态服务。大家会觉得，这个很好学啊。可是再深入我们会发现，海底捞的考核制度也有其独特之处。比如，海底捞不考核利润指标，也不考核单店销售额。在海底捞 CEO 张勇看来，考核利润没有用，利润只是做事的结果，事做不好，利润不可能高，事做好了，利润不可能低。另外，利润是很多部门工作的综合结果，每个部门的作用都不一样，很难合理地分清楚。不仅如此，利润还有偶然因素，比如，一个门店如果选址不好，不论店长和员工怎么努力，也做不过一个管理一般但位置好的门店。但这些都不是难学的，最难学的还是海底捞的经营理念及其价值观。

"服务"其实是最难考核也最难"勉强"的事，消费者能分辨出哪些是发自内心的，哪些是出于职业化的。而且服务工作本身是比较辛苦的，对于海底捞的员工来说，每天不能按正常时间吃饭，工作强度大，对反应力的要求也很高，还要有很好的记忆力。而且，海底捞的规矩还是比较多的：不能带手机、不能打电话、不能长时间站在一个地方不动、上班前要化妆……这么苦、这么累，为什么还要留下？而海底捞的理念有如下几点。

1. 把员工当亲人看待。在张勇看来，一个内心不快乐的员工是没办法微笑面对顾客的，一个孤独漂泊的人是不会幸福和快乐的。如何让员工发自内心地愿意做好"服务"，是打造服务品牌的关键。而这个关键，在张勇看来，就是很简单的"把人当人看"，

"把员工当亲人看"：海底捞提供正规的现代化的公寓住宅，里面有空调和暖气，每人的居住面积不少于6平方米，宿舍必须在步行20分钟之内可到工作地点，有专人给员工宿舍打扫卫生、换洗被单，宿舍里可免费上网，并且电视电话一应俱全；为了解决员工的后顾之忧，海底捞还在四川简阳建了一所寄宿学校，所有员工的子女可在那里就读；领班以上干部的父母，每个月都会直接收到公司发的几百元补助；鼓励夫妻同在公司上班，并且给他们提供公司补贴的夫妻房。

2. 公平和尊重：一个不被人尊重的员工是不会真正尊重他人的。海底捞所有的管理者都必须从服务员做起。管理者没有特权，和员工一起吃住；在海底捞，晋升也是波动的，能上能下，每个人都有晋升空间。

3. 双手改变命运：一个看不到未来希望的员工是不会在又苦又累的环境里工作的。海底捞有着明确的用人标准：要诚实肯干、要能快速准确和礼貌地为客人提供服务、要能发现顾客的潜在需求，不仅会用手还要会用脑去服务。不能赌博，还要孝顺。海底捞的员工多为四川人，很多都是同一个村子相互推荐的。并且，家里都比较贫穷，因为海底捞的工作本身比较辛苦，能留下来的员工多半都是农村的员工。为此，海底捞稳健地扩张，每个店配备110%的员工，让每个人都能看到未来的希望。师徒式的文化传承、清晰的晋升路线、身边的榜样都在活生生地告诉他们："我们可以用自己的双手改变命运。"

4. 利润不是算的：一个双眼紧盯着利润的老板是不会真正把员工当亲人的，一个只看财务报表、不深入基层和一线的管理者是看不到真相的。企业管理者的基本假设对企业理念的缔造和企业氛围的形成至关重要。基于人性本善的企业家倾向于信任和激励，基于人性本恶的企业家倾向于监控和惩罚。而海底捞的基本假设是：

大多数人知恩图报，不会滥用职权。所以，海底捞并不考核利润，一线管理者不过问利润，但每天到各个分店里观察。每家店的考核只有三类指标：一是顾客满意度；二是员工积极性；三是干部培养。

正是基于这样的企业文化理念，海底捞才真正打造出了出色的"服务"品牌。

3. 企业文化会影响品牌路径选择

利郎的故事，和大多数民营企业的故事有相似之处：1985年，凭着12台缝纫机的全部家当，王氏三兄弟开始了其创业史。凭着敢闯敢拼的精神，再加上一点运气，王氏兄弟在20世纪90年代前期就创造了福建市场上的知名品牌。然而，有时候成功和繁华来得太早，不见得是好事。自信心膨胀后，王氏兄弟不断扩张业务范畴：开文具厂，开机械厂，做外贸……很快，1997～1999年，利郎彻底沉寂了。而大众开始认知利郎，是从陈道明开始的。2004年，王氏兄弟以赌注式的广告开始了利郎最重要的转型和变革。而这次"赌博"不仅成就了品牌代言人史上的一个成功案例，也成就了利郎品牌。

中国历史上向来有商帮文化，尤以晋商、徽商和闽商为代表。这些商帮多有自己独特的文化和价值观，比如，晋商以"信用"著称，而闽商则以"冒险"著称。这无疑和福建特殊的地理环境有直接的关系。和浙江人相比，福建人更"胆大妄为"，似乎有一种不顾生死的赌性。在品牌打造上，福建人的赌性也比浙江商人强。而在企业经营上，我们经常会看到同一行业的两个不同企业，通过不同的品牌路径来打造品牌，比如乳业的蒙牛和光明就是完全不同的路子。光明更像郭本恒所说的，要做乳业中的知识分子——把良心放在第一位，但不把良心作为卖点来营销。相比蒙牛大规模的广告和公关，光明的广告无疑是相对较少的。2011年，蒙牛全年收入373亿元，广告费用

28.4 亿元。而光明在 2011 年收入首次破百亿，但其广告费只有 4.24
亿元，虽然同比 2010 年增长了 20.45%，但和蒙牛相比，仍是少的。品
牌的建设最终要依托公司的能力，而品牌建设的路径和企业文化无疑是
要相匹配的。

影响企业文化的因素很多，包括社会层面、企业层面和个人层面。
社会层面又包含了民族文化、外来文化、地域文化、宗教文化、文化传
播和当代文化等，而企业层面则包括行业文化、治理结构文化和企业传
统，个人层面包括领导人文化、特性群体亚文化及其他关键人物（英
雄）、事件等。而在实际的品牌打造中，我们发现，这些因素对品牌路
径都有影响。浙商和闽商的差异更多地受到地域文化的影响。而在宝洁
的企业传统中，有一条很重要："不要坐等其成，要促其发生"。宝洁
在品牌推广中的创新也是有目共睹的。而行业文化的差异更会导致品牌
路径的差异。比如，在服装业，设计师可以成为品牌最具魅力的代言
人。而在服务行业，"关键时刻管理"则是非常有用的品牌路径。国外
学者 Jean – Noel Kapfere 曾剖析奢华品牌的两种文化（两种企业文化模
式），即奢华品牌在欧洲与美国两地文化意涵上的差异：在欧洲，奢华
品牌的成功根植于品牌的历史、稀有性与工艺的精致性；而在美国，奢
华品牌的成功大多建立在行销打造出来的品牌故事、品牌形象以及选购
时带来的美感体验上。[①] 每个企业的企业文化最终都会形成自己独具特
色的"个性"，而品牌路径最终也是属于企业自身的一种"个性"，其他
企业很难模仿。品牌打造本质上就是一种企业的"自我发现"与"自我
实现"。

4. 企业文化可以成为品牌传播的内容

一般认为，消费者不会关心企业的理念是什么、产品是如何生产出
来的、企业是如何进行管理的，消费者主要关心企业提供的产品和服务

---

① 黄光玉：《品牌文化：品牌研究的新观点》，《广告学研究》第 27 辑，2007，
第 105～110 页。

能不能满足他们的需要，是否与他们的价值观、梦想、期望等相符。但是，越来越多的消费者意识到，企业品牌推广中的东西并不都是"真实可信"的，很多时候，消费者不仅需要知道企业为其提供了什么有价值的产品，他们还想知道，为什么企业有能力为其提供。而此时，对企业文化的宣传就至关重要了。

同时，我们经常说，"选择一种企业，就是选择一种生活方式"。越来越多的人并不是单纯地为了"钱"而工作。越来越多的企业开始通过"雇主品牌"来提升自身品牌的知名度和影响力。而雇主品牌的打造，其核心便是企业文化的塑造。雇主品牌的定位比如琼森公司的"尽享不同"，西南航空公司的"自由从我开始"，花旗银行的"一份没有不可能的事业"等，都在宣传雇主的独特的价值观和文化。

而对于某些行业来说，其企业文化往往会成为其品牌文化的核心，比如，沃尔玛和麦当劳。沃尔玛信奉"服务客户"，认为"顾客是老板"，应该努力"超越顾客期望"，这也是沃尔玛的品牌核心。麦当劳推崇 QSCV 理念——Q 代表产品质量，S 代表服务，C 代表清洁，V 代表价值，它们长期以来就是麦当劳品牌的核心。

5. 品牌并购中，企业文化和品牌的冲突

品牌并购，是指企业通过购并其他品牌以获得其他品牌的市场地位和品牌资产，增加自己的实力。在品牌经营时代，并购往往带有品牌扩张的目的。相比品牌开发，品牌并购是一种极为迅速的品牌组合建立方法。可以说，品牌并购实质上就是企业并购。

品牌并购的形式主要有六种。按照品牌强弱，可以分为三种：一是强势品牌兼并强势品牌，二是强势品牌兼并弱势品牌，三是弱势品牌兼并强势品牌——如联想并购 IBM 的电脑部门。按照产业链来划分，也可以分为三种：一是横向并购，即同属一个产业或行业的品牌，或产品处于同一市场的品牌之间发生的并购行为；二是纵向并购，即生产过程

或经营环节紧密相关的品牌之间的并购行为；三是混合并购，即生产和经营没有关联的产品或服务的品牌之间的并购行为。

如果强势企业并购弱势企业，而被并购的品牌在市场上影响力太弱，就可以将对方的品牌雪藏起来。比如当年宝洁收购熊猫洗衣粉——这一招也是当年外企进入中国市场后，扫除中国竞争对手最常用的一招。或者将它定位于低端，融进自身的多品牌战略。在这种情况下，企业文化对并购品牌的负面影响较小。但是如果是弱势品牌收购强势品牌，如联想并购 IBM 的 PC 部门，或者两者旗鼓相当，如惠普并购康柏、科龙并购容声，企业文化对品牌的影响则较大。

根据企业文化与品牌文化的关系，可以简单分为关系密切型与关系疏松型。关系密切型就是产品、厂品、人品三品合一，品牌往往是企业文化的深厚积累，比如，IBM 是行业领导者，卓越的蓝色巨人。而关系疏松型的品牌往往带有深厚的策划印记，弱化厂商，强化品牌，消费者往往不知道产品是谁生产的。并购一个关系疏松型的品牌相对容易，因为在长期的宣传过程中，企业并不对该品牌的市场表现产生影响。但是，并购一个关系密切型的品牌就非常麻烦，风险极大，因为品牌中掺入了太多的企业文化因素。正如，IBM 电脑部门被联想收购之后，尽管现在的"Think Pad"几乎毫无变化——人没变，品牌没变，售后服务没变，广告没变，品牌主张没变，但还是贬值了，因为联想无法给消费者以"卓越"的印象。

第三节　互联网时代的品牌力打造

进入移动互联网时代，商业开始发生变化，表现在以下几点：第一，产品不再稀缺；第二，消费者开始懂得更多；第三，惊人的连接力量；第四，媒介开始碎片化；第五，技术的发展开始超出想象。可以说，商业真正实现了"以人为本"。而这一特征被段永朝和姜奇平称为"新物种起源"。在《新物种起源：互联网的思想基石》中，他们这样描述："如果说，传统社会的基本特征是阶层分化、占有与索取、偏爱确定性逻辑、土地与资本的意志奴役着生活世界、公共空间受到挤压和侵蚀，以及用普遍性、共通性扼杀个性的话，互联网的本质特征，已经日益清楚地向传统社会的思维模式和行事逻辑说'不'。"①

在这个变化过程中，也有人开始认为，品牌已经变得不再重要。事实上，这只是说明了以往创建品牌的方法不重要了，我们要学习的是新的方法。

我们必须意识到，传统创建品牌的一些方法和手段已开始发生变化。品牌解决了消费者的两大问题：信任和情感。在互联网背景下，消费者的信任机制无疑发生了变化，而情感也成为产品不再稀缺后更为重要的一个购买因素。所以，在我们看来，互联网时代，品牌不是不重要了，而是更加重要了，但是，品牌创建的方法无疑已发生了变化，同时也带动了新的品牌力的需求。

在传统的品牌构建模式中，品牌创建往往是这样一种模式：企业将产品生产好后，开始考虑品牌定位的问题，然后树立品牌形象，提升品牌知名度，一方面面向消费者进行单向的大众传播和叫卖式的自夸；另一方面，依托品牌定位、形象和知名度进行招商。而在互联网时代，品牌工作开始前移，和产品、营销、销售共同构造，品牌在积极地营造关系和意义。品牌创建不仅关注创建承诺，而且要关注如何实现承诺，品牌的打造越来越朝向一种商业模式的创新。所以，今天的品牌创建要学会构建新的品牌力，笔者把它归为七种，并称之为"北斗七星"。

---

① 段永朝、姜奇平：《新物种起源：互联网的思想基石》，商务印书馆，2012，第3页。

表 9 - 1　品牌创建的"北斗七星"

品牌方面	旧品牌模式	新品牌模式	品牌力
关注点	创建承诺	实现承诺	价值观力
分工	分工细化	品牌＋营销＋销售	融 合 力
品牌在流程中的位置	结尾处	所有触点	体 验 力
细分市场目标	从认知度到忠诚度	从忠诚度到认知度	社 群 力
传播形式	单向的大众传播	交互沟通	互 动 力
传播内容	叫卖式的自夸	品牌关系及意义	故 事 力
品牌管理所有权	营销人员	整个组织	管 理 力

　　"北斗七星"方便我们在未来的浩瀚商海中"找到北"。由于体验力、社群力、故事力和互动力在前面已经提过，这里，笔者重点再阐述一下价值观力、融合力以及管理力。

一　价值观力

　　在传统的品牌创建过程中，我们会讲品牌的利益包括两部分：一部分是功能利益，一部分是情感利益。于是，大多数品牌的定位是从两者中择其一。只不过，在互联网时代，这两者多少都受到了挑战。网上有一则流传甚广的段子，充分说明了功能利益的尴尬：

　　　　恒大：恒大冰泉，长白山天然矿泉水

　　　　泉阳泉：你厂在我隔壁

　　　　恒大：煮饭，泡茶，美容，长寿

　　　　泉阳泉：你厂在我隔壁

　　　　恒大：恒大冰泉，世界三大好水

　　　　泉阳泉：你厂在我隔壁

　　　　恒大：我们搬运的不是地表水

　　　　泉阳泉：你厂在我隔壁

　　　　恒大：一处水源供全球

　　　　泉阳泉：你厂在我隔壁

> 恒大：能不说这个吗？
>
> 泉阳泉：我卖两块
>
> 恒大：……

而在情感定位上，消费者已经被一系列的"中国好冰箱""中国好形象""高品质生活""高品质"……所迷惑。

事实上，伟大的品牌，最重要的在于其时代引领性，在于重新发现产品和消费者之间的意义。这件物品是谁给他们的？他们是如何获取该物品的？它让他们想起了谁？在什么样的场景下这件物品能凸显出来？他们对它有多关心，愿意给予多少服务或维修？会倾注多少感情？它与其他物品的匹配程度如何？它能带来多大的愉悦？它让人感觉如何？它与使用者最初的期望是否相符？……

耐克的成功是什么？有人说是创新的产品，有人说是乔丹的代言，还有人认为是广告语"just do it"。其实这些都不是最主要的——耐克的成功在于发现并传递了"跑步的价值和意义"：跑步是美国人找回竞争精神的绝妙方式。

意大利阿特米尔德公司被称为灯具中的劳斯莱斯。而在其品牌理念中，它认为消费者喜欢一盏灯，并不仅是因为喜欢它的外观，更是因为它能营造出一种让人愉悦、放松的氛围。

所以，什么是品牌的价值观力？就是企业把握社会文化趋势，并自我观照，发现新的意义，并将其转化为品牌概念以及品牌价值实现的一种能力。这也要求每一个品牌都有一种清晰的人格，并且有其价值坚守。在互联网时代，这点之所以重要，有外因也有内因。从外在角度来看，只有精神才有永恒的追随，因为消费者能从中看到自我。从内在来看，在媒介碎片化的时代，只有一个更清晰化的人格，才能保证品牌的形象更为一致。也只有不一样的价值观，才能让企业真正地由内而外地做到实现品牌承诺。

未来的品牌将成为企业家和消费者共同维护和坚守的"精神家

园"。未来的品牌创建，越来越多的企业家选择向内看，看自己。他们将品牌当成自己的信仰，致力于去实现它。

2. 融合力

在传统的企业管理中，分工细化，组织分工明确，广告是广告、营销是营销、销售是销售、产品开发设计是产品开发设计。组织的流程也多为线性。但是越来越多的证据表明，未来的商业运营将越来越多地打破界限。

今天，大部分企业的市场营销和产品设计基本上保持脱节的状态。企业目前的结构，源自工业革命时代的现实条件，在市场营销和产品设计这两个重要的业务环节之间筑起了高墙。这样的结构造成了如下的局面：营销在讲述一个有关公司的故事，它大多与高层的企业战略相关；产品却根据产品经理自身的愿景，讲述着若干其他的故事。再加上，负责产品生产的人并不理解产品形式中所体现的企业品牌意义（或是理解了也得不到奖励），问题就变得更加复杂了。互联时代的营销变革使消费者和公司的需求都有了明显的转变，原有的旧结构成了前进道路上的绊脚石，因此我们需要自营销。

融合力要求营销仍然从企业的文化调研、消费者调研及战略着手，只不过这些环节长久以来都是公司产品部门和营销部门分别去完成的，现在需要把它们合并到同一个流程当中。营销在产品里有一席之地，产品在营销里也有一席之地。最终成品不是产品或营销，而是兼而有之。这样的流程催生出了相应的策略和故事，由始至终推动着产品、营销、分销以及跟品牌相关的每一方面的发展。

今天，大多数品牌人开始介入产品的开发设计当中。所以，融合力正在成为企业未来品牌创建中的一个重要能力，也就是如何将企业的产品设计、销售、营销以及品牌部门融合，改变传统的分割式的工作流程，从消费者的体验出发，打造系统的完整的价值服务链。

3. 管理力

在传统的品牌管理中，品牌部一般包括品牌经理、文案策划、设计、媒介管理、活动执行等几种岗位。而一般品牌部的职责主要包括：

(1) 品牌形象的一致化管理；

(2) 负责品牌宣传载体的策划、制作和采购；

(3) 做好供应商的管理和对接；

(4) 协助媒介关系的建立、维护和拓展；

(5) 负责企业官方网站、微信、微博等自媒体的运营；

(6) 负责企业日常舆情管理；

(7) 消费者的日常调研。

从这样的职责划分可以看出来，这仍是将品牌部当成一个终端的价值传播部门。未来的品牌部将承担起更多的和企业战略相结合以及和其他部门联合工作的职责，这样对品牌人的要求就更高了。品牌的创建和管理本身是一门跨学科的学问，要求品牌管理者既有企业经营管理的知识，又要懂社会文化的变迁，还要了解消费者的心理及其行为决策机制，同时，还要了解一些传播和媒介方面的知识。

同时，品牌构建必然会牵涉到和外部机构的合作，那么其很重要的一项管理能力是鉴别和管理外部合作机构。品牌策划机构未来也将分化，并且也都有自己的特色和专才。企业需要在自身品牌战略清晰的前提下，明确目标，选择好的合作伙伴。

品牌已经上升到企业运营层面的高度，每个企业家都应该是企业品牌真正的主管，真正成为价值的创造者。同时，只有打造出坚实的品牌力，才能保证品牌的长期可持续健康发展。

后　记

2006 年，在学校教书两年后，我兼职进入浙江伟星文化发展有限公司，成了一名品牌咨询师。在此之前，我有过很多工作经验：广告公司的策划文案、营销公司的文案及销售管理、报社的记者编辑，当然还当过大学广告系讲师。这些过往经历加上广告系科班出身，让我最早对品牌的认识更多地仍是停留在"广告"的层面——如何打造品牌形象？如何思考广告语？如何写作广告文案？如何设计制作广告？如何选择媒体投放广告？

本想着到了伟星后，能将自己的十八般武艺样样演练一番，结果我却不得不直面现实和理想之间的差距。企业对品牌的认知和思考视角与广告人往往有很大的差异：广告人往往关注广告、公关如何做，而企业更关注的是为什么要做广告和公关，广告、公关和企业的其他经营要素有何关系等问题。特别是在伟星新材的品牌创建过程中，我开始意识到，广告投放并没有让伟星新材成为一个品牌；相反，是服务和差异化价值的打造让伟星新材在行业中脱颖而出，同时，也是后续的销售管理、企业文化、团队打造给了伟星新材品牌最强有力的支撑。我开始意识到"凭借广告打造品牌"的局限性，也开始更深入地从企业经营角度来思考品牌创建探索，并试图将企业的经营视角和传统的广告传播视角相结合，去思考企业该如何创建品牌。几年后，我便有了写作这本书的想法。

在动笔写作了三分之一的时候，互联网和移动互联网到来了，我不得不停下来，因为想明白移动互联网给品牌创建带来了什么改变，同时，更想明白品牌创建当中并没有随移动互联网而改变的是什么。而此时的我，也建立了自己的品牌咨询工作室，并且接触到了更多的企业家，聆听他们在品牌创建中的困惑，探讨他们的品牌创建路径，而这也使我从企业角度去思考和探索品牌创建的一些观点更加清晰了。

三年之后，我重新开始这本书的写作。这时我对这本书的定位和想达到的目标，也更加清楚了。

第一，我希望这本书是写给企业家看的。目标对象不同，对品牌的理解也不同。我希望这本书能站在企业家的角度去思考到底什么是品牌，品牌和经营企业的关系是什么，品牌和企业文化、组织能力的关系是怎样的……甚至在论述品牌形象的过程中，我也更多地强调如何去评判一个形象的好坏，而不是从设计的角度去思考如何创建一个品牌形象。

第二，从更广义的更加系统化的角度去真正创建一个品牌。在本书中，我不想把做品牌仅仅当成做广告，或者做知名度，而是真正去创建一个品牌，去创建一个长期可持续经营的品牌，能满足用户核心需求的品牌。

第三，我希望这本书能够跨越传统时代和移动互联网时代，能够揭示品牌创建过程中的一些共性和代表性，找寻品牌创建过程中真正不变的"道"，对品牌能有一个更本质的探索，并且在品牌创建的共性框架基础上去思考移动互联网时代带来的变化，哪些是"道"的层面的，哪些是"术"的层面的。

第四，我希望本书能给企业家一些启发。这世上没有两个完全一样的品牌，企业家的品牌创建之路也必须是建立在自我思考基础上的，找到适合自己的品牌创建之路是每个企业家的"天命"。企业家只能从其他品牌案例中寻找规律，再结合自身现状进行思考，找到自己的独特化的和唯一的品牌创建路径。

　　愿望和理想总是美好的。我清楚地知道，本书还有很多不足之处，比如，如何将复杂的问题更加清晰地表达？如何更好地创建和定位品牌的差异化价值？如何更好地在品牌创建过程中做到知行合一？……未来，我仍将在品牌创建领域继续探索。

　　最后，我想感谢我的家人。没有他们的支持，这本书的写作估计还会无限期地延后；感谢曾经的伟星的领导和同事，在一起探讨品牌创建的日子里，不管是理论还是实践，都让我获益良多。感谢所有的品牌营销前辈，很多问题和观点，他们其实早已论述过，我只不过是把他们的话又重复了一遍。

曾莉芬

2017 年初夏于杭州

图书在版编目（CIP）数据

重回本质：品牌的价值思考／曾莉芬著．--北京：
社会科学文献出版社，2017.12

ISBN 978 - 7 - 5201 - 1260 - 4

Ⅰ.①重…　Ⅱ.①曾…　Ⅲ.①品牌－企业管理　Ⅳ.
①F272.3

中国版本图书馆 CIP 数据核字（2017）第 202451 号

重回本质：品牌的价值思考

著　　者／曾莉芬

出 版 人／谢寿光
项目统筹／许玉燕
责任编辑／许玉燕

出　　版／社会科学文献出版社·当代世界出版分社（010）59367004
　　　　　　地址：北京市北三环中路甲 29 号院华龙大厦　邮编：100029
　　　　　　网址：www.ssap.com.cn
发　　行／市场营销中心（010）59367081　59367018
印　　装／北京季蜂印刷有限公司

规　　格／开　本：787mm × 1092mm　1/16
　　　　　　印　张：14.75 字　数：204 千字
版　　次／2017 年 12 月第 1 版　2017 年 12 月第 1 次印刷
书　　号／ISBN 978 - 7 - 5201 - 1260 - 4
定　　价／66.00 元

本书如有印装质量问题，请与读者服务中心（010 - 59367028）联系